Josef Broich

Seniorenspiele

über einhundert neue Gruppenspiele
mit Bewegung, Kontakt, Vergnügen

MATERNUS

Die Deutsche Bibliothek - CIP-Kurztitelaufnahme

Broich, Josef:
Seniorenspiele: über einhundert neue Gruppenspiele mit Bewegung, Kontakt, Vergnügen / Josef Broich. [Hrsg.: RAST Spiel und Theater Köln e.V., Köln] - 1. Aufl. - Köln : Maternus, 1997
ISBN 3-88735-012-X

1. Auflage 1997

© 1997 by Josef Broich / Maternus Verlag, Köln
Maternus Buchhandel und Verlag GmbH & Co KG
Severinstr. 76, D-50678 Köln
Printed in Germany 1997

Herausgeber: RAST Spiel und Theater Köln e.V., Köln
Gesamtherstellung: Fuldaer Verlagsanstalt GmbH, Fulda
Redaktion: Birgit Prießen, Köln
Lektorat: Susanne Seifert, Elsdorf-Etzweiler/Rhld.
Kein Teil des Werkes darf ohne schriftliche Genehmigung des Verlages reproduziert, gespeichert oder mit akustischen, visuellen und elektronischen Systemen verarbeitet werden.
Alle Rechte vorbehalten

ISBN 3-88735-012-X

Übersicht

Einführung 9
Einleitung 9, Spielsicherheit 10, Spielort und Spielzeit 10, Teilnehmerzahl 11, Anrede 11, Umgang mit Seniorenspielen 11

Erstes Kapitel: Kennenlernspiele 13
Zum Spieleinsatz 14, Namenskontakt 15, Blickkontakt 15, Bewegungsvorstellung 16, Namenswurf 17, Wer bist du? 17, Raumkontakt 18, Guten Tag 19, Karussell 20, Kaninchen 21, Plipp-Plopp 22, Stumme Fragen 23, Auf dem Mond 24

Zweites Kapitel: Bewegungsspiele 25
Zum Spieleinsatz 26, Sitzball 27, Reise nach Jerusalem 28, Blumenbinder 28, Unter Strom 29, Früchtedrehen 29, Schlangentanz 30, Geräuschbühne 31, Buchstabencharade 32, Titanic 33, Vampir 34

Drittes Kapitel: Darstellungsspiele 35
Zum Spieleinsatz 36, Alltagspantomime 37, Zeitenblende 37, Ich bin es 38, Erfindungen 38, Kettenpantomime 39, Stellbilder

40, Werbefilm 41, Gefühlsplastik 42, Gefunden 43, Touristikbörse 44, Eingemachtes 45, Szenenimprovisation 46

Viertes Kapitel: Wahrnehmungsspiele   47

Zum Spieleinsatz 48, Ja 49, Worterinnerung 50, Mein Hut 51, Sechserfluch 52, Veränderung 52, Prinzessin 53, Kükenbaden 54, Lauf umher 54, Wer ist es? 55, Romeo und Julia 56, Alarm 57, Mein Auge 58

Fünftes Kapitel: Paarspiele   59

Zum Spieleinsatz 60, Paarpantomime 61, Verschlossen 62, Rückentafel 63, Stummes Duo 63, Spiegelbild 64, Blindenführung 64, Wahlwerbung 65, Phantasieball 66, Hör- und sprachlos 67, Erster Kuß 68

Sechstes Kapitel: Spiele für Zwischendurch   69

Zum Spieleinsatz 70, Luftballontanz 71, Serienpantomime 71, Wunschtier 72, Fünf Gegenstände 73, Brauchtum 74, Zungenbrecher 75, Tiertanz 76, Winnetou 77, Gesichtsbotschaft 77, Zahlengeschichte 78

Siebtes Kapitel: Ratespiele   79

Zum Spieleinsatz 80, Rate mal 81, Ich zeig dir ein Lied 82, Scherzfragen 83, Promiraten 84, Slowakischer Rundfunk 86, Röntgenblick 87, Fotoszene 88, Ja oder Nein? 89, Schweinekauf 90, Schummi 90

Achtes Kapitel: Kreisspiele   91

Zum Spieleinsatz 92, Telefon 93, Wortkette 94, Apfelkuchen 94, Summkette 95, Arm und Kopf 95, Früchtekorb 96, Beschreibung 97, Körperbewegungen 97, Geschichtenkreis 98, Rakete 99, Wanted 100, Komm zu mir 101, Fragerunde mit Sekretär 102

Neuntes Kapitel: Spiele für alle Generationen 103

Zum Spieleinsatz 104, Setz dich durch 105, Treppenhaus 106, Gegenstände erkennen 107, Meisterkoch 108, Tratschnudel 109, Testament 110, Modell stehen 111, Volksmund 112, Typisch 114, Erzähler 115, Müllers Fritz 116

Zehntes Kapitel: Spiele zum Abschluß 117

Zum Spieleinsatz 118, Privatpost 119, Rhythmusmaschine 120, Blumenstrauß 121, Schau in die Augen 122, Laufsteg 123, Und Tschüs 124, Tanz den Abschied 124, Kreisblick 125

Spieleregister 126

Ein Großteil der Seniorenspiele sind im Stuhlkreis durchführbar. Hinweise hierzu sind den Anregungen zum Spieleinsatz vor jedem Kapitel zu entnehmen.

Einführung

Einleitung

Die Seniorenspiele sind ohne Vorerfahrungen sofort einsetzbar. Der Spielleiter kann u.a. mit den Hinweisen zum Spieleinsatz, zur Spielart und zur Spielzeit die ihm geeigneten Gruppenspiele mit Bewegung, Kontakt, Vergnügen für seinen Einsatz nutzen. Zu Beginn eines jeden Spieleinsatzes sollten dabei Kennenlernspiele aus dem ersten Kapitel stehen.

Ein langsames und deutliches Vorlesen des Spieltextes reicht beim Einsatz der Spielvorschläge aus, um den Spielverlauf zu veranschaulichen. Jedem Buchkapitel gehen Empfehlungen zum Spieleinsatz voraus. Um den Spielfluß zu fördern, ist bei den angebotenen Seniorenspielen eine Nachbereitung zum Spielverlauf und zum Umgang miteinander nicht erforderlich.

Der Spielleiter kann den Spieltext seiner eigenen Sprache und Darstellungsweise angleichen. Die vorgegebenen Spielzeiten sind einzuhalten, um einer Spielunlust vorzubeugen. Der Spielverlauf lebt von der Abwechslung und den unterschiedlichen Ausdrucksformen. Bei Unsicherheiten während der Spielvermittlung sind die Mitspieler zu fragen, ob der Spielverlauf verstanden wird, ob es zu schnell oder zu langsam geht.

Seniorenspiele können von allen genutzt werden - auch von jungen Mitspielern. Die Spiele sind so aufgebaut, daß sie sofort einsetzbar sind. Lediglich Kreisspiele setzen das Vorhandensein von Stühlen für jeden Mitspieler voraus.

Spielsicherheit

Es ist die Aufgabe des Spielleiters, sich vor dem Spielbeginn zu vergewissern, daß die von ihm ausgesuchten Spiele auch in dem Raum oder auf der Freifläche einsetzbar sind, damit sich beispielsweise beim Laufen Mitspieler nicht an Tischkanten stoßen, auf einem Teppich ausrutschen oder gegen Pfosten rennen.

Beim Spielen auf einer Freifläche ist auf Gefahren durch Löcher und Masten sowie auf eine mögliche Rutschgefahr bei Nässe hinzuweisen. Die Gefahr von außen wird beim Spiel schnell vergessen. Daher ist die Warnung gelegentlich zu wiederholen. Gefahren ist hierbei nicht auszuweichen, da sie zum Leben gehören. So sollten Gefahren in das Spiel miteinbezogen werden, wo immer es geht.

Spielort und Spielzeit

Die Seniorenspiele richten sich erst einmal auf die Spielbarkeit in Innenräumen. Jeder Mitmachende benötigt dabei eine Bewegungs- und Liegefläche von etwa vier Quadratmetern. Der Hinweis zur Spielzeit berücksichtigt als Richtwert eine durchschnittliche Spielzeit bei altersgemischten Gruppen. Eine Altersbegrenzung bei den Seniorenspielen gibt es nicht.

Bei einem Einsatz im Freien ist eine mögliche Verletzungsgefahr für alle Mitmachenden möglichst auszuschließen und sicherzustellen, daß jeder der Mitspielenden von jedem anderen Mitspielenden auch verstanden wird.

Teilnehmerzahl

Für eine sinnvolle Nutzung der Seniorenspiele ist von einer Teilnehmerzahl von etwa acht bis dreißig Teilnehmern für einen Spieleinsatz auszugehen. Jedes Spiel enthält als Anhaltspunkt für einen sinnvollen Einsatz eine Mindest- und eine Höchstteilnehmerzahl. Die Seniorenspiele eignen sich auch zum generationsübergreifenden Einsatz.

Anrede

Die Anreden „Mitspieler", „Teilnehmer", „Spielpartner" und „Spielleiter" gelten gleichermaßen auch für „Mitspielerinnen", „Teilnehmerinnen", „Spielpartnerinnen" und „Spielleiterinnen." Um die Spielansagen möglichst knapp halten zu können, wurde bei den Spieltexten die männliche Anrede benutzt.

Die Anrede durch den Spielleiter und die Umgangsweise unter den Teilnehmern sollte auf der *Du*-Ebene erfolgen. Die *Sie*-Ebene wirkt in der Regel beim Spieleinsatz unterkühlt.

Es ist zu vermeiden, die Mitspieler dabei mit *Liebe Senioren, liebe Seniorinnen* anzusprechen. Keiner kann etwas für sein Alter, wohl jedoch für den Umgang damit. Beim und im Spiel ist jeder ungeachtet seines Alters, seines Geschlechts und seiner persönlichen Ausdrucksfähigkeit lediglich der Mitspieler bzw. die Mitspielerin und sonst erst einmal nichts.

Umgang mit Seniorenspielen

Seniorenspiele sprechen den ganzen Menschen mit seinem Körper, seinem Geist und seiner Seele an. Soll das Spiel hierbei auch der körperlichen und geistigen Fitneß dienen, sollten die

Spiele so ausgewählt werden, daß zumindest ein grober Bezugsrahmen zur sozialen Wirklichkeit der betreffenden Senioren besteht. Dieses Spielen ist dann ein „begreifendes" Spiel im ursprünglichen Wortsinn und entspricht dabei dem reichhaltigen Erlebnishintergrund mit lebensprägenden Erfahrungen älterer Menschen.

In jeder Spielgruppe gibt es Mitspieler, die andere Spieler und auch die angesagten Spielregeln des Spielleiters nicht oder nicht sofort verstehen. Hiermit einher geht häufig auch eine begrenzte Fähigkeit zum sprachlichen Ausdruck. Der Zustand des spielerischen „als-ob-Handelns" - beispielsweise beim wechselseitigen Vorstellen zu Beginn einer Spieleinheit - bietet mit Leichtigkeit allen Mitspielern eine grobe Orientierung zur Wahrnehmungs- und Verständigungsfähigkeit des einzelnen Mitspielers. Als grober Anhaltspunkt möge ein häufiger Spielwechel dienen zwischen Spielen mit einem Spielpartner und dem somit persönlichen Schutzrahmen und zwischen einem Darstellungsspiel als Darbietung vor der Gruppe.

Dieser Rhythmuswechsel erfordert das Geschick des Spielleiters, wobei auch eine Nachbereitung zu einem Spiel angemessen sein kann oder hierauf im Interesse des Spielflusses eher verzichtet wird. Ein anderer Rhythmuswechsel ergibt sich aus dem Einsatz von Bewegungsspielen und Spielen, die der Konzentration und der Entspannung dienen. Mitspieler mit Bewegungseinschränkungen - wie Rollstuhlfahrer - sind bei Bewegungsspielen miteinzubeziehen. Wie das zu machen ist, können die betreffenden Mitspieler selbst zeigen.

Im Spiel steckt Bewegung und lebendige „sinnliche" Auseinandersetzung mit unserer unmittelbaren Umgebung. Die unterschiedlichen Spielformen tragen den unterschiedlichen Ausdrucksmöglichkeiten des einzelnen Mitspielers Rechnung.

Kann sich ein Mitspieler beispielsweise gut verständlich machen und auch zuhören, liegt bei einem anderen Mitspieler der Schwerpunkt seiner Wahrnehmungs- und Ausdrucksfähigkeit in Mimik und Gestik. Die Seniorenspiele dienen dazu, beides zu nutzen.

Erstes Kapitel: Kontakt und kennenlernen

Zum Spieleinsatz 14
Namenskontakt 15
Blickkontakt 15
Bewegungsvorstellung 16
Namenswurf 17
Wer bist du? 17
Raumkontakt 18
Guten Tag 19
Karussell 20
Kaninchen 21
Plipp-Plopp 22
Stumme Fragen 23
Auf dem Mond 24

Zum Spieleinsatz

Die Einstiegsspiele zum Kennenlernen ermöglichen mit einfachen Spielverläufen eine Kontaktbereitschaft und fördern die Offenheit mit dem Gefühl der Geselligkeit der Mitspieler untereinander. Dabei erhalten die Mitspieler die Möglichkeit zum gemeinsamen Ankommen.

Die Kontaktspiele zum Gruppeneinstieg sollten zu Beginn einer jeden Spielserie auch dann gelten, wenn sich die Mitspieler untereinander bereits kennen.

Für Mitspieler, die sich untereinander nicht oder kaum kennen, eignen sich zum Spieleinsatz die folgenden Einstiegsspiele:
Bewegungsvorstellung (Stuhlkreis),
Namenswurf,
Wer bist du? (Stuhlkreis),
Raumkontakt,
Kaninchen (Stuhlkreis möglich)
und
Plipp-Plopp (Stuhlkreis möglich).

Für Mitspieler, die sich untereinander kennen, eignen sich zum Spieleinsatz die folgenden Einstiegsspiele:
Namenskontakt (Stuhlkreis),
Blickkontakt (Stuhlkreis),
Guten Tag,
Karussell,
Stumme Fragen
und
Auf dem Mond.

Namenskontakt

8 bis 20 Teilnehmer / Kreisspiel
20 bis 30 Minuten
Spiel für drinnen und draußen
Benötigt werden ein Plüschball und ein Stuhl für jeden Mitspieler

Wir bilden einen Stuhlkreis. Jeder Mitspieler setzt sich auf einen Stuhl. Einer der Mitspieler nennt den Namen eines anderen Mitspielers und wirft ihm gleichzeitig den Plüschball zu. Danach sagt der Werfende noch ein oder zwei persönliche Sätze zu seinem Gegenüber. Was er sagt, wird nicht kommentiert. Es läßt sich dabei auf eine nette Begebenheit hinweisen, ein Danke aussprechen oder eine kleine Auffälligkeit benennen.

Anschließend nennt der momentane Ballbesitzer von einem anderen Mitspieler den Namen, wirft ihm den Ball zu und erzählt ein oder zwei Sätze zu seinem Spielpartner. Jeder Mitspieler sollte mehrmals werfen können.

Blickkontakt

8 bis 20 Teilnehmer
15 bis 20 Minuten
Spiel für drinnen und draußen

Wir bilden einen Stuhlkreis. Laß Deinen Blick im Kreis von einem Mitspieler zum nächsten kreisen. Wenn du dem Blick eines anderen Mitspielers begegnest, stehe auf und gehe zu ihm. Begrüße deinen Mitspieler mit einem Hallo, erzähle ihm einen Witz, umarme ihn, umgarne ihn, breite deine Arme aus und mache das, was für dich stimmt.

Tausche den Platz mit deinem Mitspieler. Setze dich auf den Platz deines Mitspielers und suche einen Blickkontakt mit einem anderen Mitspieler. Versuche mit allen Mitspielern nacheinander in Blickkontakt zu kommen und sie zu begrüßen.

Bewegungsvorstellung

Ab 8 Teilnehmer
15 Minuten / Mehrere Durchgänge
Spiel für drinnen

Wir bilden einen Stuhlkreis. Ein Mitspieler steht auf, sagt seinen Namen und macht dazu gleichzeitig *zwei* zu ihm passende Bewegungen.

Mögliche Bewegungen:

Hand ausstrecken.
Sich im Kreis drehen.
Grimasse schneiden.
Den Kopf zur Seite wenden.
Mit den Augen rollen.
In die Hände klatschen.

In der zweiten Runde dieser Bewegungsvorstellung wiederholt der einzelne Mitspieler neben seiner Namesnennung die Bewegungen aus der ersten Spielrunde.

In der dritten Runde nennt der einzelne Mitspieler nur noch seinen Namen. Alle anderen Mitspieler machen gemeinsam jetzt in Zeitlupe die Bewegungen nach, die ihnen der betreffende Mitspieler bei den ersten beiden Spielrunden vorgemacht hatte.

Wenn einzelne Mitspieler die Bewegungen vergessen haben, können sie sich an den anderen Mitspielern orientieren.

Namenswurf

8 bis 20 Teilnehmer
15 bis 20 Minuten
Spiel für drinnen

Wir bilden einen Kreis. Jeder Mitspieler spricht möglichst laut seinen Namen und stellt sich mit einer ihm entsprechenden Bewegung allen anderen Mitspielern gegenüber vor. Anschließend wiederholen alle anderen wie in einem Chor seinen Namen und seine Bewegung.

Beispielhafte Bewegungen:

Einmal um sich selbst drehen, sich verbeugen, Hände in die Höhe recken, dem Spielnachbarn die linke Hand reichen, sich verbeugen, sich hinknien, mit den Armmuskeln spielen oder die Brust herausstrecken.

Wer bist du?

Ab 8 Teilnehmer
20 bis 30 Minuten
Spiel für drinnen
Für Mitspieler, die sich untereinander nicht oder kaum kennen

Wir setzen uns in einen Halbkreis. In dem geöffneten Halbkreis steht ein leerer Stuhl. Nacheinander setzt sich jeder Mitspieler einmal auf diesen Stuhl.

Jedem Stuhlinhaber wird die Frage *Wer bist du?* gestellt. Damit wird dem Stuhlinhaber die Möglichkeit geboten, sich so darzustellen, wie er sich selbst sieht oder wie er sich sehen möchte. Weitere Nachfragen zur Person sind möglich.

Der Wahrheitsgehalt der Informationen des Stuhlinhabers ist dabei nicht bedeutsam - schließlich ist es ein Spiel.

Raumkontakt

Ab 8 Teilnehmer
15 Minuten
Spiel für drinnen

Wir gehen alle durch den Raum. Gehe auf deine Art. Gehe in deiner Geschwindigkeit. Achte darauf, keinen anderen Mitspieler in seiner Art der Raumbegehung zu behindern. Bleibe bei dir und sonst nichts. Bleibe stehen. Sieh dich um. Schau nach vorne, nach draußen, nach unten, nach oben. Gehe weiter.

Gehe auf deine Art weiter. Gehe in der Geschwindigkeit, die dir entspricht. Nutze die Gangart und die Geschwindigkeit, die du halten kannst und halten willst.

Bleibe stehen. Schließe deine Augen. Atme tief durch. Bilde aus deinen beiden Händen beim Einatmen Fäuste und laß sie beim Ausatmen wieder los. Atme mehrmals in deinem Rhythmus ein und aus. Bleibe bei dir.

Öffne deine Augen. Gehe weiter. Gehe langsam. Gehe in die Richtung und mit der Geschwindigkeit, die dir entspricht. Gehe in einem Kreis. Gehe geradeaus.

Wenn du auf ein Hindernis stößt, weiche dem Hindernis in einem geraden Winkel aus. Gehe mit der gleichen Geschwindigkeit in einem Rechteck, in einem Oval durch den Raum.

Bleibe stehen. Sieh dir deine nähere Umgebung an. Sieh dir die Mitspieler an, die am nächsten stehen. Sieh dir den Raum an. Fühle die Raumtemperatur. Fühle Wärme, Kälte, Nähe, Weite. Bleibe bei dir.

Guten Tag

Ab 8 Teilnehmer
10 Minuten
Spiel für drinnen

Wir gehen alle sehr langsam und behäbig durch den Raum. Gehe auf deine Art. Gehe in deiner Geschwindigkeit. Achte darauf, keinen anderen Mitspieler zu behindern. Bleibe bei dir.

Bleibe stehen. Atme tief durch. Bilde aus deinen beiden Händen beim Einatmen Fäuste und laß sie beim Ausatmen wieder los. Atme mehrmals in deinem Rhythmus ein und aus. Bleibe bei dir.

Sieh dir die Mitspieler an, die dir am nächsten stehen. Sieh dir den Raum an. Fühle die Raumtemperatur. Fühle Wärme, Kälte, Nähe, Weite. Bleibe bei dir.

Gehe weiter, schlendere. Wenn du auf einen anderen Mitspieler triffst, begrüße ihn auf deine Art. Sage ihm Guten Tag. Wenn du seinen Namen weißt, sprich ihn mit seinem Namen an: Guten Tag, Magda; schön dich zu sehen, Peter; Na, Birgit, du auch hier?

Gehe weiter durch den Raum. Wenn du auf einen anderen Mitspieler triffst, bleibe vor ihm stehen, sieh ihn dir eine Weile an. Verändere deine Begrüßungsform.

Du kannst ihm deine Hand auf seine Schultern legen und ihn gleichzeitig begrüßen.

Du kannst deinem Gegenüber tief in die Augen blicken, ihm die Hände halten und ihn gleichzeitig begrüßen - und dich von ihm begrüßen lassen.

Zum Schluß bilden wir alle einen großen Kreis, fassen uns an die Arme und wünschen uns miteinander einen schönen Tag / einen schönen Abend.

Karussell

Ab 10 Teilnehmer
10 bis 15 Minuten
Spiel für drinnen

Wir bilden einen Doppelkreis, so daß sich jeweils zwei Mitspieler gegenüberstehen und ansehen. Der Doppelkreis besteht aus einem Innen- und einem Außenkreis.

Der Spielleiter stellt jetzt bestimmte persönliche Fragen, die sich die jeweils gegenüberstehenden Spielpartner wechselseitig knapp beantworten. Anschließend gehen die Mitspieler aus dem Innenkreis einen Partner nach rechts weiter.

Für die Beantwortung einer Frage steht beiden Spielpartnern zusammen etwa ein Zeitrahmen von einer halben Minute zur Verfügung.

Mögliche persönliche Fragen:

Wo komme ich her?
Wer bin ich? (Name)
Was wünsche ich mir?
Bin ich aufgeregt?

Was will ich hier?
Was wünsche ich mir?
Was habe ich heute Ärgerliches erlebt?
Worauf hätte ich heute verzichten können?

Was gefällt mir an dir?
Bin ich neugierig?
Was fällt dir an mir auf?
Was will ich von Dir erfahren?

Kaninchen

Ab 8 Teilnehmer
10 Minuten
Spiel für drinnen

Wir stellen oder setzen uns alle im Kreis und machen uns miteinander bekannt. Dazu benutzen wir einen beliebigen handlichen Gegenstand - wie einen Schal, einen Bleistift oder einen Schlüssel.

Die Vorstellungsrunde geht so: Ein Mitspieler hat den Gegenstand in der Hand und gibt ihn seinem Nachbarn zu seiner rechten Seite mit den Worten *Ich bin Tina. Ich behaupte, das ist ein Kaninchen.*

Der zweite Mitspieler nimmt das Kaninchen und reicht es seinem rechten Nachbarn mit den Worten *Ich bin August. Tina behauptet, das ist ein Kaninchen* usw.

Wiederholt wird nur der Name des jeweils letzten Mitspielers, der einem das Kaninchen gegeben hat.

Schwieriger wird es, wenn alle Namen der Mitspieler zu wiederholen sind, die das Kaninchen bereits weitergegeben haben.

Bei einiger Übung kann auch das mit wechselseitiger Hilfestellung nach mehreren Namensrunden klappen.

Plipp-Plopp

Ab 10 Teilnehmer
10 Minuten
Spiel für drinnen

Wir bilden einen Kreis. Jeder Mitspieler fragt die Spielnachbarn zu seiner linken und zu seiner rechten Seite bestimmte persönliche Informationen ab.

In der ersten Runde sollte den Spielnachbarn nur eine persönliche Frage gestellt werden. Wenn alle Mitspieler über eine ausreichende Spielsicherheit verfügen, lassen sich auch mehrere persönliche Fragen an die Spielnachbarn stellen.

Ein Mitspieler stellt sich in die Kreismitte. Er geht gezielt auf bestimmte Mitspieler zu und spricht sie mit *Plipp* oder mit *Plopp* an. Bei *Plipp* bekommt er die Daten von dessen linken Spielnachbarn, bei *Plopp* von dem rechten.

Bei *Plipp-Plopp* wechseln alle Mitspieler ihren Platz und erforschen die Daten von ihren neuen Spielnachbarn.

Der Mitspieler in der Kreismitte wird mit dem Mitspieler ausgetauscht, der die Daten seiner Nachbarn vergessen hat oder sie verwechselt.

Mögliche persönliche Fragen:

Vornamen
Sternbild
Interessen
Lieblingsspeise

Wohnort
Gerne gesehene Fernsehsendung
Lieblingsmonat
Gerne ausgeübte Tätigkeit

Stumme Fragen

Ab 8 Teilnehmer
15 bis 20 Minuten
Spiel für drinnen

Wir gehen im Raum umher. Sieh dich um, wo du bist. Sieh auch deine Mitspieler. Gehe auf einen Spielpartner zu. Stelle deinem Spielpartner bestimmte Fragen und gib ihm Antworten zu seinen Fragen.

Laß dir deine stummen Fragen möglichst ausführlich beantworten. Dabei kannst du als Fragender und als Antwortgeber weder sprechen noch hören.

Wenn du zwei bis drei Fragen gestellt und beantwortet hast, gehst du zum nächsten Spielpartner.

Verständige dich mit deiner Gestik, mit Handbewegungen, mit einer von dir ausgedachten Zeichensprache.

Mögliche Fragen:

Wer bist du?
Warst du im letzten Jahr im Urlaub?
Woher kommst du?
Wo läßt du deine Haare frisieren?

Kennst du alle anderen Mitspieler?
Hast du einen Führerschein?
Warst du schon einmal im Fernsehen?
Machst du dir selbst dein Frühstück?

Bist du ein Zeitungsleser?
Kannst du ein Fahrrad reparieren?
Bist du machmal sauer?
Spielst du Lotto?

Auf dem Mond

Ab 8 Teilnehmer
10 bis 15 Minuten
Spiel für drinnen

Wir gehen alle gemächlich durch den Raum. Achte darauf, keine anderen Mitspieler zu behindern. Gehe in deine Richtung und mit deinem Tempo. Dabei wird nicht gesprochen.

Atme langsam ein und aus. Atme beim Gehen durch die Nase ein und durch den Mund aus. Bleibe bei dir. Deine Mitspieler beachtest du nicht.

Bleibe stehen und mache deine Augen zu. Atme auch weiterhin langsam durch die Nase ein und durch den Mund aus.

Stelle dir vor, du bist auf dem Mond. Bleibe bei dir. Alles um dich herum erscheint dir als einzigartig und neu. Die anderen Lebewesen auf dem Mond haben wie auf der dir bekannten Erde eine Art Körper, der auf zwei Beinen steht. Öffne deine Augen und sieh dir deine Mondlandschaft behutsam an.

Sieh dir deine unmittelbare Umgebung und die fremden Lebewesen etwas genauer an. Nach einer Weile kommen dir die Lebewesen irgendwie bekannt vor.

Gehe vorsichtig auf die Lebewesen zu, sieh sie an, betrachte sie von oben bis unten, gehe um sie herum. Sieh dir von den Lebewesen die Details an. Sieh die Lippen, die Schultern, die Augenfarben. Dabei können die Mondlebewesen deine Sprache leider nicht verstehen.

Wie könntest du die Mondlebewesen angemessen begrüßen?
... mit einem sachten Schulterklopfen?
... mit einem zärtlichen Ziehen an den Ohrläppchen?
... mit einem vorsichtigen Stirnedrücken?

Probiere eigene Formen der Begrüßung aus. Lasse dir bei deiner persönlichen Begrüßung Zeit.

Zweites Kapitel: Bewegungsspiele

Zum Spieleinatz 26
Sitzball 27
Reise nach Jerusalem 28
Blumenbinder 28
Unter Strom 29
Früchtedrehen 29
Schlangentanz 30
Geräuschbühne 31
Buchstabenscharade 32
Titanic 33
Vampir 34

Zum Spieleinsatz

Die *Bewegungsspiele* bieten sanfte Bewegungsabläufe mit einfachen Körperübungen zum Eingewöhnen und Bewegungsabläufe mit aktiven Bewegungselementen. Bei den Bewegungsspielen steht der körperliche Ausdruck im Vordergrund.

Spiele mit sanften Bewegungen - auch für Mitspieler geeignet, die sich untereinander noch nicht oder kaum kennen:
Sitzball (Stuhlkreis),
Früchtedrehen,
Geräuschbühne
und
Buchstabencharade.

Spiele mit aktiven Bewegungen - auch für Mitspieler geeignet, die sich untereinander schon etwas kennen:
Reise nach Jerusalem,
Blumenbinder,
Unter Strom,
Schlangentanz,
Titanic
und
Vampir.

Sitzball

8 bis 24 Teilnehmer
15 bis 20 Minuten
Spiel für drinnen
Benötigt wird ein Plüschball mittlerer Größe

Wir bilden einen Stuhlkreis. Das rechte und linke Stuhlbein sollten möglichst nahe an die Stuhlbeine der Spielnachbarn anschließen. Jeder Mitspieler hat ein Tor. Das Tor eines jeden Mitspielers befindet sich zwischen den beiden vorderen Stuhlbeinen.

Jeder Mitspieler versucht jetzt, den Ball möglichst häufig in die Tore der Mitspieler zu schießen, was diese natürlich zu verhindern versuchen.

Damit die Fußgelenke geschont bleiben, sollten vorher alle Mitspieler ihre Schuhe ausziehen. Geschossen werden darf höchstens auf Kniehöhe.

Das Spiel läßt sich auch als Wettkampf betreiben: Für jedes Tor gibt es einen Punkt. Für jeden Ballschuß über die Kniehöhe hinaus gibt es einen Minuspunkt. Bei fünf Minuspunkten setzt der Mitspieler mindestens zwei Minuten aus.

Wird „sehr wild" gespielt, so kann ein „Schiedsrichter" auf die Einhaltung der Spielregeln achten.

Mitspieler, denen ein Schießen mit den Füßen schwerfällt, können den Ball auch mit einem Stock oder mit den Händen ins gegnerische Tor „schmettern".

Reise nach Jerusalem

Ab 8 Teilnehmer
10 Minuten / mehrere Durchgänge
Spiel für drinnen

Die *Reise nach Jerusalem* ist ein altes und beliebtes Spiel. Es werden zwei stabile Stuhlreihen mit gegeneinander ausgerichteten Lehnen aufgestellt. Dabei steht ein Stuhl weniger in der Raummitte, als Mitspieler mitmachen. Alle singen fröhlich und ausgelassen das Kinderlied *„Hänschen klein, ging allein, in die weite Welt hinein..."* und gehen dabei gleichzeitig scheinbar teilnahmslos durch den Raum.

Auf ein Händeklatschen des Spielleiters hin versucht jeder Mitspieler, einen Platz auf den Stühlen zu ergattern, ohne einen anderen Mitspieler dabei anzurempeln oder zu stupsen. Wer keinen Platz bekommt, scheidet aus und nimmt dabei einen Stuhl mit zur Seite. Mehrere Durchgänge empfohlen.

Blumenbinder

Ab 8 Teilnehmer
10 Minuten / mehrere Durchgänge
Spiel für drinnen

Wir bilden einen Stuhlkreis. Lediglich ein Mitspieler stellt sich als Blumenbinder in die Kreismitte. Alle Mitspieler geben sich reihum einen beliebigen Blumennamen. Der Mitspieler in der Kreismitte bindet sich einen eigenen Blumenstrauß, indem er beliebige Blumennamen ausruft, von denen möglichst viele auch im Kreis vorhanden sind. Die Mitspieler mit den zutreffenden Blumennamen scharen sich dann in der Kreismitte um den Blumenbinder.

Wenn ihm der Blumenstrauß reicht, klatscht er laut in seine Hände und die Blumen nebst dem Blumenbinder nehmen einen neuen Platz im Kreis ein. Ein Mitspieler bleibt dabei übrig. Das ist dann der neue Blumenbinder.

Unter Strom

Ab 12 Teilnehmer
10 bis 15 Minuten
Spiel für drinnen

Wir bilden einen Doppelkreis, so daß jeweils zwei Mitspieler paarweise nebeneinander stehen. Wir klatschen gemeinsam einen gleichen Rhythmus und gehen nach diesem Rhythmus im Kreis umher. Das ist das Gehen im „Gleichstrom." Auf ein Händeklatschen des Spielleiters hin heißt es „Wechselstrom" und der zur Kreismitte hin stehende Partner dreht sich in die entgegengesetzte Richtung. Alle gehen mit dem wiedereinsetzenden Klatschen weiter. So geht bei „Wechselstrom" ein Kreis linksherum, der andere rechtsherum.

Die Mitspieler des Innenkreises tauschen nach mehreren Durchgängen mit den Mitspielern des Außenkreises. Die Gangarten wechseln auf ein Zeichen hin etwa alle 15 Sekunden. Bei „Gleichstrom" finden sich die ursprünglichen Spielpaare und das Spiel beginnt von neuem.

Früchtedrehen

Ab 12 Teilnehmer
10 bis 15 Minuten
Spiel für drinnen

Wir bilden einen Stuhlkreis. Jeder Mitspieler gibt sich den Namen einer beliebigen Frucht wie Apfel, Pfirsich, Kiwi, Mango, Birne oder Pflaume. Um die Früchtenamen behalten zu können, kann einer sie auch alle aufschreiben.

Ein Mitspieler nennt den Namen einer Frucht. Die betreffende Frucht steht auf, dreht sich um sich selbst und setzt sich wieder hin. Nun darf diese neue Frucht eine andere Frucht benennen, die das gleiche macht. Fällt einem kein Fruchtname ein, so dienen die beiden Spielnachbarn zur linken und rechten Seite als seine persönlichen Assistenten.

Schlangentanz

Ab 8 Teilnehmer
10 Minuten
Spiel für drinnen und draußen

Wir bilden einen möglichst großen Kreis. Ein Mitspieler geht durch den Raum und fordert einen anderen Mitspieler auf, sich mit beiden Händen an seine Schultern anzuhängen. Dabei macht er kehrt.

Jetzt geht die Schlange schon mit zwei Mitspielern durch den Raum. Der zweite Mitspieler fordert einen anderen Mitspieler auf, sich anzuschließen.

Mit jeder neuen Aufforderung macht die Schlange kehrt, so daß jeder mit dem Auffordern an die Reihe kommt. Gibt es über 16 Mitspieler, so sollten sich zu Spielbeginn für den Schlangentanz mehrere Schlangen bilden.

Die Bewegungen durch den Raum erfolgen unter anderen Mitspielern hindurch, in Schlangenlinien durch den Raum, als Schnecke, mal gebeugt, mal aufrecht, mal im steifen Schritt und mal übermüdet.

Wem es zuviel wird, der kann jederzeit aus der Schlange ausscheiden oder selbst das Tempo und die Gangart bestimmen.

Geräuschbühne

Ab 12 Teilnehmer
15 bis 20 Minuten
Spiel für drinnen

Wir bilden Gruppen mit mindestens jeweils sechs Mitspielern. Die einzelnen Gruppen haben nun die Aufgabe, möglichst echte Geräusch- und Bewegungsbilder zu bestimmten Orten zu entwickeln und auszuprobieren. Zum Ausprobieren sollte jede Gruppe einen eigenen Raum haben.

Nach einer Probezeit von etwa zehn Minuten werden die einzelnen Geräuschbilder mit angedeuteten Bewegungen allen anderen Mitspielern vorgespielt. Die Mitspieler haben dann den dargestellten Ort zu erraten.

Darstellbare Orte:

Hauptbahnhof
Sportstadion
Verkehrsknotenpunkt
Disko

Maschinenhalle
Schlachthof
Flughafen
Wertpapierbörse

Großmarkt
Operationssaal
Zirkusmanege
Großraumbüro

Versteigerungshalle
Zoohandlung
Wohnungsauflösung
Frühlingswiese

Buchstabenscharade

Ab 8 Teilnehmer
20 bis 30 Minuten
Spiel für drinnen

Wir bilden für eine Buchstabenscharade einen zu einer Seite hin offenen Sitzkreis. Die offene Seite dient dabei als improvisierte Bühne.

Hierbei ist ein Wort oder ein kurzer Spruch in seine einzelnen Buchstaben zu zerlegen und pantomimisch mit möglichst eindeutigen Tätigkeiten darzustellen, die mit dem jeweiligen Buchstaben beginnen.

Beispielsweise läßt sich das Wort *Kuchen* darstellen mit den Tätigkeiten
- K wie Kaffetrinken oder kaufen,
- U wie umfallen oder umarmen,
- C wie campieren oder catchen,
- H wie hüpfen oder hampeln,
- E wie ernten oder empfangen
  und
- N wie nuckeln oder naschen.

Die Zuschauer sollen das Wort oder den Spruch anschließend erraten. Jeder Mitspieler sollte mindestens ein Wort pantomimisch darstellen und erraten lassen.

Bei einiger Übung lassen sich auch kurze Sprüche erraten. Mehrere Durchgänge möglich.

Titanic

Ab 8 Teilnehmer
15 Minuten
Spiel für drinnen

Wir bewegen uns alle im Raum. Jeder geht, schleicht, läuft oder kriecht in seine Richtung und mit seinem Tempo. Stell dir vor, du wärst kurze Zeit vor dem Untergang der Titanic auf dem Oberdeck. Der Rumpf der Titanic hätte backbord eine leichte Schlagseite.

Du kannst dazu beitragen, den Schiffsuntergang hinauszuzögern. Dafür mußt du mit den anderen Schiffspassagieren zusammen auf dem Oberdeck das Gleichgewicht halten.

Einmal senkt sich die Titanic leicht nach backbord. Du gehst oder läufst dann nach steuerbord. Die Schlagseite der Titanic wechselt laufend ab.

Und du kannst auch dazu beitragen, daß das Oberdeck der Titanic waagerecht auf dem Wasser liegt. Dabei muß jeder das Gleichgewicht im Raum halten.

Es entsteht sofort an der Seite des Raumes eine Schlagseite, auf der sich die meisten Passagiere aufhalten.

Vampir

Ab 8 Teilnehmer
10 Minuten
Spiel für drinnen

Wir verteilen uns alle gleichmäßig im Raum und schließen unsere Augen. Einer von uns ist ein Vampir - er wird ohne Kenntnis der anderen Mitspieler vom Spielleiter bestimmt.

Wir wissen alle: Vampire sind sehr blutgierig. Behutsam schleichen wir uns mit den geschlossenen Augen im Raum umher. Das ist sehr geheimnisvoll. Trifft der Vampir auf einen anderen Mitspieler, stößt er einen Schrei aus. Der andere Mitspieler wird dann prompt ebenfalls zu einem Vampir.

Treffen zwei Vampire aufeinander, so sind beide Mitspieler von ihrem Vampirdasein wieder erlöst. So ist es möglich, daß zum Spielschluß alle Mitspieler zu Vampiren geworden sind oder alle Mitspieler wieder vampirfrei sind.

Es ist zu vermeiden, das Vampirspiel übermäßig in die Länge zu ziehen. Daher ist auch keine der beiden Schlußmöglichkeiten unbedingt anzustreben.

Drittes Kapitel:
Darstellen und improvisieren

Zum Spieleinsatz 36
Alltagspantomime 37
Zeitenblende 37
Ich bin es 38
Erfindungen 38
Kettenpantomime 39
Stellbilder 40
Werbefilm 41
Gefühlsplastik 42
Gefunden 43
Touristikbörse 44
Eingemachtes 45
Szenenimprovisation 46

Zum Spieleinsatz

Das Kapitel *Darstellen und improvisieren* bietet vor allem ausdrucksstarke, körperaktive Spiele zum sofortigen Einsatz in der Spielgruppe an. Angeboten werden dabei nichtsprachliche Spiele, Darstellungsspiele mit kleinen szenischen Handlungen und Spiele zur eigenen Improvisation.

Nichtsprachliche Spiele - auch für Mitspieler, die sich untereinander nicht oder kaum kennen:
Alltagspantomime,
Ich bin es,
Kettenpantomime
und
Gefühlsplastik.

Darstellungsspiele mit kleinen szenischen Handlungen - auch für Mitspieler, die sich untereinander nicht oder kaum kennen:
Zeitenblende,
Erfindungen
und
Eingemachtes.

Spiele zur eigenen Improvisation - für Mitspieler, die sich untereinander bereits etwas kennen sollten:
Stellbilder,
Werbefilm,
Gefunden,
Touristikbörse
und
Szenenimprovisation.

Alltagspantomime

8 bis 24 Teilnehmer / Pantomime
15 bis 30 Minuten
Spiel für drinnen
Auf Zetteln stehen die Begriffe bekannter Gegenstände - mit großer Schrift vorher aufschreiben oder leicht erkennbar aufmalen

Wir bilden Kleingruppen mit zwei bis drei Teilnehmern. Jeweils einer der Gruppe zieht einen Zettel, auf dem ein Alltagsgegenstand abgebildet ist. Die Funktionsweise des Gegenstandes wird ohne Sprache von den Mitspielern dargestellt. Nach der Darstellung raten die Zuschauer den Gegenstand. Jeder sollte mindestens einmal als Darsteller mitwirken.

Mögliche darzustellende Gegenstände: Kaffeemaschine, Besen, Teppichklopfer, Radiowecker, Fotoapparat, Küchentisch, Personenwaage, Telefon, Fernseher, Scheinwerfer und Sofa.

Zeitenblende

Ab 8 Teilnehmer
30 bis 45 Minuten
Spiel für drinnen

Wir bilden Spielpaare. Jedes Spielpaar denkt sich zu einem bekannten öffentlichen Ereignis aus einem selbstgewählten Jahr eine persönliche Erfahrung aus, die in dem gleichen Jahr stattfand. Mögliche Beispiele - jeweils ohne Sprache darzustellen:

Kriegsende 1945 und Verlust der eigenen Heimat.
Fußballweltmeister 1953 und Wanderung durch die Eifel.
Ungarnaufstand 1956 und eine schöne Sommerliebe.
Sputnik 1957 und die eigene Isetta.
Kennedy in Berlin 1963 und der erste eigene Fernseher.

Die Zuschauer haben anschließend das Jahr herauszufinden, in dem das öffentliche und das persönliche Ereignis stattfanden.

Ich bin es

Ab 6 Teilnehmer
20 bis 30 Minuten / bis zu 2 Minuten je Durchgang
Spiel für drinnen

Wir bilden einen Halbkreis. Jeder wirbt mit einem kleinen Werbespot für seinen rechten Spielnachbarn in der *Ich*-Form, weshalb er sich für eine bestimmte Aufgabe eignet. Dazu stellt er sich vor die Gruppe. Was er sagt, ist mit seinem Spielnachbarn nicht abgesprochen.

Geworben werden kann beispielsweise für den Vorsitz beim Kleingärtnerverein, für den Schülerlotsenjob, für die Bauleitung eines zerstörten Dorfes nach einem Erdbeben, für die Kochgruppenleitung oder auch für die Referententätigkeit Wickelkurs für Männer.

Erfindungen

Ab 8 Teilnehmer
15 bis 20 Minuten
Spiel für drinnen

Wir bilden einen Kreis. Reihum zeigt jeder Mitspieler einen Gegenstand seiner Kleidung oder aus dem Raum, den jeder sehen kann. Der beliebige Gegenstand bekommt dabei eine andere Bedeutung zugeschrieben, als die, die er in der Wirklichkeit hat.

Die Idee zu dieser Veränderung ist deine Erfindung, die du auch noch glaubwürdig deinen Mitspielern gegenüber zu „verkaufen" hast. Die Funktionsweise deiner Erfindung kannst du auch mit glaubwürdigen Gesten untermalen und dabei für deine Darstellung auch den ganzen Raum nutzen. Beispielsweise können sich der Hosengürtel zum Flugobjekt, der Tisch zur Skipiste, der Stuhl zur Granate, die Tür zum Riesen, die Uhr zum Rhythmusinstrument, die Schuhe zur Doppeltrommel, der Kuli zum Schreibmonster und das Buch zum Schmetterling verwandeln.

Kettenpantomime

8 bis 24 Teilnehmer / Pantomime
15 bis 30 Minuten
Spiel für drinnen
Auf Zetteln stehen die weiterzureichenden Gegenstände - mit Großschrift vorher aufschreiben oder eindeutig aufmalen

Wir bilden zwei etwa gleich große Gruppen. Jeweils abwechselnd stellt eine Gruppe mit der Weitergabe eines bestimmten ausgedachten Gegenstandes etwas dar, ohne dabei zu sprechen. Das machen die Darsteller alle möglichst ganz langsam.

Die Mitspieler der anderen Gruppe sehen dabei zu. Anschließend sagen die Zuschauer, was für ein Gegenstand weitergereicht wurde. Dabei kann es zu kleinen Überraschungen kommen. Die Aufgaben lassen sich wiederholen.

Mögliche weiterzureichende Gegenstände:

Eimer Wasser mit kleinen Löchern
Großer Schneeball, der schmilzt
Frisch angeschlagenes Faß Bier

Teller voller heißer Suppe - sehr heiß
Bienenstich - was immer darunter zu verstehen sein mag
Ein Kilo fließender Camembert

Leckere Sahnetorte ohne Untersatz
Holzbrett mit frisch geschälten Zwiebeln
Ein noch lebender Karpfen

Großer Luftballon, dem langsam die Luft entweicht
Huhn mit flatternden Flügeln
Sack Kartoffeln

Plärrendes Kleinkind
Strauß Rosen
Handvoll Körner

Stellbilder

Ab 8 Teilnehmer
45 bis 60 Minuten
Spiel für drinnen

Wir bilden Kleingruppen mit jeweils vier bis sechs Teilnehmern. Jede Gruppe denkt sich zu einem bestimmten Thema ein darstellbares „eingefrorenes" Bild aus. Das Stellbild wird mit den Mitspielern der Kleingruppe dargestellt.

Jede Gruppe hat bis zu zehn Minuten Zeit, um sich vorzubereiten. Dabei können die Mitspieler sich beratschlagen, Darstellungen verwerfen und andere Präsentationen mit einem Standbild ausprobieren.

Was sich die jeweilige Kleingruppe gemeinsam zu einem Thema als darstellbare eingefrorene Szene ausgedacht hat, wird der ganzen Gruppe anschließend gezeigt.

Darstellbare Themenfelder:

Im Zoo
Auf dem Markt
Am Strand

Im Urwald
Stau auf der Autobahn
Gedränge auf der Reeperbahn

In Las Vegas
Auf dem Gipfel
Frisch verliebt

Wohnungsrenovierung
Kartoffelernte
Verkehrschaos

Werbefilm

8 bis 20 Teilnehmer
40 bis 60 Minuten
Spiel für drinnen

Wir bilden Kleingruppen mit jeweils drei bis höchstens fünf Teilnehmern. Die Mitspieler jeder Kleingruppe entwickeln einen kleinen Werbefilm zu einem selbst ausgedachten oder realen Produkt, zu einer Idee oder zu einer Dienstleistung. Die ausgedachte Szene wird anschließend allen vorgeführt.

Das jeweils umworbene Produkt oder die kreierte Idee muß mit der Wirklichkeit nicht übereinstimmen. Für die Vorbereitungszeit jeder Kleingruppe sind etwa 20 Minuten anzusetzen. Jede Kleingruppe sollte die ausgedachten Ideen bereits für sich szenisch ausprobiert haben können.

Geworben werden kann beispielsweise für:

Alkoholfreies Bier
Das endgültige Waschmittel
Der sauberste Strand der Welt
Die vierten Zähne

Sonntags frei für den Pfarrer
Abschaffung von Meinungsumfragen
Fischhaltung im Waschbecken
Gleichgeschlechtliche Liebe

Verkehrssicherheitstraining
Agressionshemmende Hundenahrung
Cremes zur Förderung der Faltenbildung
Schweizer Käse mit geschlossenen Löchern

Führerscheinpflicht für Rollstuhlfahrer
Tagesfahrten nach Paris
Ernährungstips für werdende Opas
Sich selbstvorlesende Tageszeitung

Gefühlsplastik

Ab 8 Teilnehmer
20 bis 30 Minuten
Spiel für drinnen

Wir bilden Kleingruppen mit jeweils drei bis fünf Mitspielern. Die Darsteller einer Kleingruppe stellen gemeinsam und gleichzeitig vor allen anderen Teilnehmern bestimmte Gefühle dar.

Jede Kleingruppe stellt nacheinander in einem Durchgang die gleichen Gefühle in der gleichen Abfolge dar. Die Anzahl der gesamten Durchgänge entspricht der Anzahl der Kleingruppen.

Zwischen den einzelnen Gefühlsdarstellungen geht jeder Darsteller in seine ursprüngliche Ausgangslage zurück. Das jeweilige Gefühl teilt sich nacheinander mit durch die Arm- und Beinhaltung, im Gesicht und durch den übrigen Körper.

Wurde von dem Gefühl voll Besitz genommen, friert der Körper für eine Weile in der gefundenen Position ein, damit auch die Zuschauer die unterschiedlichen Darstellungsweisen der einzelnen Darsteller sehen können.

Darstellbare Gefühlsäußerungen:

Fleißig, gehetzt, müde, anmaßend, interessiert, genervt, aufbauend, heimlich, aufgeregt, nachdenklich, überarbeitet, entspannt, satt, verführerisch, enttäuscht, keck, gelöst, überdreht, offen, naiv und erleichtert.

Gefunden

8 bis 24 Teilnehmer
40 bis 60 Minuten
Spiel für drinnen
Verschiedene Gegenstände entsprechend der Anzahl der Teilnehmer vorher besorgen oder von den Mitspielern geben lassen

Wir bilden einen Kreis. In der Kreismitte liegen verschiedene „verloren" gegangene Gegenstände.

Welchen Personen können die Gegenstände gehören?

Ist das der Regenschirm von Graf Kunibert?
Gehört die Pfeife Sir Alias Mc Dingsda?
Ist das Schnupftuch von Goethe?
Gehört der Ring der Kellnerin Regina?
Hatte Friedrich nicht zuletzt diesen Hut auf?

Jedenfalls lassen sich über die Fundstücke Rollenzuweisungen finden, mit denen es sich leicht spielen läßt.

Jeder Mitspieler erfindet für sich zu einem Gegenstand eine Rollenzuweisung und probiert zuerst eine Weile seinen Gegenstand für sich mit seinen verschiedenen spezifischen Nutzungsmöglichkeiten aus.

Dann denkt sich jeder eine kleine Szene aus, wie der Gegenstand abhanden gekommen sein könnte.

Die ausgedachten kleinen Szenen werden nacheinander der Gruppe vorgespielt. Jetzt heißt es nur noch: Vorhang auf!

Touristikbörse

Ab 8 Teilnehmer
20 bis 30 Minuten
Spiel für drinnen

Du bist auf der Touristikbörse und wirbst für dein Land bzw. für eine bestimmte Urlaubsregion um Touristen. Hierzu werden Kleingruppen mit jeweils mindestens sechs Teilnehmern gebildet.

Jede Gruppe bekommt als Vorgabe ein Land oder eine Region genannt, wofür anschließend pantomimisch zu werben ist.

Darstellbar sind Szenen zur Brauchtumspflege, Wahrzeichen und Eßgewohnheiten. Damit die Auflösung auch Spannung verheißt, sollten Klischeedarstellungen vermieden werden. Frankreich hat schließlich neben dem Eiffelturm und Italien neben Spaghetti weitaus Interessanteres zu bieten.

Jede Kleingruppe stellt anschließend allen anderen ihre ausgedachten kleinen Szenen vor.

Erst wenn alle ausgedachten Szenen dargestellt wurden, können alle anderen sagen oder raten, um welches Land oder um welche Region es sich gehandelt hat.

Darstellbare Länder und Regionen:

Ägypten, Australien, Bayern, Bodensee, Griechenland, Irland, Israel, Lappland, Niederlande, Norwegen, Spanien, Südfrankreich, Sylt, Toscana und Ungarn.

Eingemachtes

Ab 8 Teilnehmer
10 bis 15 Minuten
Spiel für drinnen

Was ist die Welt doch schön, wenn sie nicht so ernst gesehen. Das kann jedenfalls jeder meinen, der mit den verschiedenen Ausdrucksmöglichkeiten spielt, die sich in dem Satz

Wer hat Omas Eingemachtes?

verbergen.

Dieser entscheidende Satz aus Omas Keller kann
- dramatisch mit tiefer Trauer,
- als Verlautbarung,
- als Liebeserklärung,
- leicht und locker,
- in einer beliebigen Mundart,
- gesungen und geschmettert,
- geheimniskrämerisch,
- hinterlistig,
- verwegen
  und
- betont lustig bis überzogen

ausgedrückt werden.

Szenenimprovisation

8 bis 20 Teilnehmer
60 bis 90 Minuten / für jede Spielvariation 15 bis 30 Minuten
Spiel für drinnen

Improvisieren läßt sich mit Rollen, mit Gegenständen, mit der Zeit und mit der Handlung. Der Reihe nach improvisieren wir mit allen Elementen. Dazu bilden wir Spielgruppen mit jeweils etwa vier Mitspielern.

Nach einer Vorbereitungszeit von etwa fünf Minuten spielt jede einzelne Gruppe den anderen Teilnehmern ihre Szene vor. Die Spielzeit jeder einzelnen Szene bei jeder Spielvariation sollte etwa fünf Minuten betragen.

Erste Variation - Spiel mit Rollen:
Angegeben werden nur die mitspielenden Personen. Beispiel: Kohlenhändler, Straßenfeger, Blumenverkäufer, Maler, Rentner und Kleinkind. Jeder Mitspieler bekleidet in der Spielszene nur eine Rolle.

Zweite Variation - Spiel mit Gegenständen:
Zu den mitspielenden Personen gibt es jetzt auch bestimmte Gegenstände, die in die eigene Szene miteinzubeziehen sind. Beispiel: Zu den Rollen aus der ersten Variation kommen jetzt noch die Gegenstände Schneebesen, Wassereimer, Rührei, Dreirad, Pferdekoppel und ein Hufeisen dazu.

Dritte Variation - Spiel mit der Zeit:
Zu den Angaben aus den ersten beiden Variationen gibt es jetzt eine bestimmte Zeit, zu der die Szene spielt: Beispiel: früher Abend als Tageszeit oder vor vierzig Jahren als Vergangenheit.

Vierte Variation - Spiel mit der Handlung:
Zu den Angaben der ersten drei Variationen kommen jetzt noch bestimmte Umstände hinzu. Beispiel: eine im Fluß treibende Leiche oder ein großer Lottogewinn.

Viertes Kapitel: Wahrnehmungsspiele

Zum Spieleinsatz 48
Ja 49
Worterinnerung 50
Mein Hut 51
Sechserfluch 52
Veränderung 52
Prinzessin 53
Kükenbaden 54
Wer ist es? 55
Romeo und Julia 56
Alarm 57
Mein Auge 58

Zum Spieleinsatz

Das Kapitel *Wahrnehmungsspiele* bietet einen wiederholbaren spielerischen Umgang mit der Vorstellungskraft, dem Erinnerungsvermögen und dem Reaktionsverhalten eines jeden Mitspielers. Vor dem Einsatz der Wahrnehmungsspiele sollten Spiele zum Kennenlernen oder Bewegungsspiele eingesetzt werden.

Wahrnehmungsspiele zur Vorstellungskraft:
Kükenbaden (Stuhlkreis),
Wer ist es? (Stuhlkreis),
Romeo und Julia
und
Mein Auge.

Wahrnehmungsspiele zum Erinnerungsvermögen:
Worterinnerung (Stuhlkreis)
und
Veränderung.

Wahrnehmungsspiele zum Reaktionsverhalten:
Ja (Stuhlkreis),
Mein Hut (Stuhlkreis),
Sechserfluch (Stuhlkreis),
Prinzessin,
Lauf umher (Stuhlkreis)
und
Alarm (Stuhlkreis).

Ja

Ab 8 Teilnehmer
20 bis 30 Minuten
Spiel für drinnen

Wir bilden einen Stuhlkreis. Ein Mitspieler stellt zu seinem ihm gegenübersitzenden Mitspieler irgend etwas fest. Was er sagt, kann stimmen oder frei erfunden sein.

Beispielbehauptungen und Beispielfeststellungen:

Du hast in deiner Hose ein Loch *(= zu einer Rockträgerin)*.
Du träumst *(= zu einem hellwach Sitzenden)*.
Du hast deine Pillen nicht genommen.
Dein Brillenglas hat einen Sprung *(= zu einem ohne Brille)*.
Du kannst jetzt etwas zu mir behaupten.

Der Angesprochene beantwortet jede Behauptung mit einem *Ja*. Entrüstet er sich dagegen oder sagt er *Nein* oder *Stimmt nicht*, setzt sein Spielnachbar zu seiner rechten Seite die Behauptungen und Feststellungen mit seinem Gegenüber fort.

Jeder sollte mindestens einmal irgendwelche Behauptungen und Feststellungen aufstellen und mindestens einmal dabei der Angesprochene sein.

Dabei ist für alle Beteiligten das Spiel schwieriger, als es im ersten Moment erscheint.

Da bei diesem Spiel die Frechheit Oberwasser hat, sind Mißverständnisse gewollt und daher nicht zu vermeiden.

Worterinnerung

8 bis 24 Teilnehmer
10 bis 20 Minuten
Spiel für drinnen

Wir bilden einen Kreis. Ein Wortknäuel beginnt zu laufen. Dabei beginnt ein Mitspieler mit irgendeinem Wort.

Der nächste Mitspieler sagt ein Wort, das sich auf das erste Wort bezieht. Der dritte Mitspieler sagt ein Wort, das sich auf das zweite Wort bezieht.

Wer sich zu Wort meldet, ist dabei beliebig. Jeder sollte sich bei dem Wortknäuel mindestens einmal zu Wort gemeldet haben und dabei auf die jeweils anderen Mitspieler hören.

Anschließend wird das Wortknäuel von hinten wieder „aufgewickelt". Dabei ist es eine Hilfe, umgedreht kleine Sätze statt der einzelnen Wörter zu verwenden.

Beispiel für die zweite Runde:

Salatöl erinnert sich an Sonnenblumen, Sonnenblumen erinnert sich an Feldweg, Feldweg erinnert sich an Abseits... usw.

Mögliche Wortfolge für die erste Runde:

Sonne, Urlaub, Meer, Salz, Hering, Salat, Garten, Spaten, Kartoffeln, Acker, Arbeit, Schweiß, Sonne, Urlaub, Wein, Faulenzen, Sportschau, Fußball, Tor, Elfmeter, Abseits, Feldweg, Sonnenblumen, Salatöl... usw.

Mein Hut

8 bis 24 Teilnehmer
15 bis 20 Minuten
Spiel für drinnen und draußen

aus *Kilometerstein*, Bonn (Voggenreiter)

Wir bilden einen Stuhlkreis. Jeder kennt das Lied *„Mein Hut, der hat drei Ecken, drei Ecken hat mein Hut. Und hätt` er nicht drei Ecken, dann wär es nicht mein Hut."*

Dieses Lied wird zuerst von allen mehrmals gesungen, als wäre es ein Befreiungslied nach langer Gefangenschaft. Beim nächsten Durchgang wird das Wort *mein* mit einem Tippen auf die eigene Brust ersetzt. Danach wird auch noch der *Hut* ausgetauscht mit einem Greifen der Hände an die Stirn. Zur Einübung ist jede weitere Spielvariation mehrmals zu singen.

Die weiteren Veränderungen mit gestischen Einlagen:
(der) hat =   zeigen mit dem Zeigefinger
drei =   drei hochgesteckte Finger
Ecken =   Hände fassen am Ellenbogen
er =   mit den Zeigefinger auf die Spielnachbarn zur linken und zur rechen Seite hinweisen

Zum Spielschluß besteht das Lied nur noch aus Handbewegungen. Bei einer hohen Spielsicherheit läßt sich die Liedgeschwindigkeit erhöhen - natürlich lassen sich dabei auch andere Gesten für die einzelnen Wörter ausprobieren.

Sechserfluch

Ab 8 Teilnehmer
15 bis 20 Minuten
Spiel für drinnen

Wir bilden einen Stuhlkreis. Reihum wird bis einhundert gezählt, beginnend mit der Zahl Eins. Alle Zahlen, die eine Sechs enthalten oder durch sechs teilbar sind, sind durch Zischen, ein Peng, Bumm oder Ohhh zu ersetzen. Das bezieht sich beispielsweise auf die Zahlen, 6, 12, 16, 18, 24, 26, 30 usw.

Die ersten beiden Runden dienen dabei als Übungsrunden. Ab der dritten Runde wird es ernst. Wer bei den ersten Runden steckenbleibt, scheidet aus. Bleiben zum Spielschluß einige Eiserne übrig, so läßt sich das Spielende auch mit der Erhöhung der Sprechgeschwindigkeit leichter herbeiführen.

Veränderung

Ab 8 Teilnehmer
20 bis 30 Minuten
Spiel für drinnen

Ein Spielpaar stellt sich mit einem Abstand von ein bis zwei Metern gegenüber. Ein Mitspieler sieht sein Gegenüber genau an, merkt sich seine Kleidung, seine Bein- und Armhaltung, seine Frisur. Dann schließt er seine Augen.

Sein Mitspieler verändert jetzt zwei bis drei Merkmale an seinem Erscheinungsbild: Hemd aus der Hose ziehen, Brille absetzen, obersten Knopf an seinem Hemd schließen. Jetzt öffnet sein Spielpartner wieder die Augen. Ob ihm die Veränderungen auffallen?

Wird die Aufgabe nur schwer gelöst, ist beim nächsten Durchgang die Aufgabenstellung leichter zu machen. Jeder Mitspieler sollte beide Rollen erleben können.

Prinzessin

Ab 8 Teilnehmer
15 bis 20 Minuten / mehrere Durchgänge
Spiel für drinnen

Wir werden von der beleidigten Prinzessin Nevada beherrscht. Die Prinzessin ist sehr lichtempfindlich und tonscheu. Sie zieht jeden in ihren lähmenden Bann, der in ihre Nähe kommt.

Die einen sagen, die Prinzessin nimmt ihr Aspirin nicht. Die anderen meinen, sie hat halt überdrehte Antennen.

Die Prinzessin Nevade sitzt mit verbundenen Augen auf einem Stuhl. Zu ihrer linken und zu ihrer rechten Seite sind jeweils drei Plätze frei.

Die Mitspieler versuchen, geräuschlos die sechs freien Plätze zu besetzen.

Ein leichter Luftzug, ein klitzekleines Geräusch - und schon erwacht unsere sensible Prinzessin Nevada und zischt einen an. Dabei versetzt sie den ertappten Mitspieler in einen Tiefschlaf, der erst endet, wenn alle freien Plätze besetzt sind.

Mehrere Durchgänge empfohlen. Nach jedem Durchgang sollte die Prinzessin von einem anderen Mitspieler gespielt werden.

Bei dem Spiel sollte jeder Mitspieler mindestens einmal neben der Prinzessin „eingefroren" sein.

Kükenbaden

8 bis 24 Teilnehmer
15 bis 20 Minuten
Spiel für drinnen

Wir bilden einen Stuhlkreis. Der erste Mitspieler: „Ein Küken...", der nächste Mitspieler „mit zwei Füßen...", der dritte Mitspieler „geht baden...", der vierte Mitspieler: „platsch".

Dann geht es mit dem fünften Mitspieler wieder von vorne los: „Zwei Küken..."- „mit vier Füßen..." - „gehen baden...". Nun macht es natürlich „platsch - platsch". Dabei kann ein Mitspieler nur einmal „platsch" sagen. Bei einem Fehler fängt alles wieder mit einem Küken an.

Lauf umher

Ab 8 Teilnehmer
10 bis 15 Minuten
Spiel für drinnen

Wir bilden einen Stuhlkreis und schließen dabei alle die Augen. Mindestens zwischen jedem zweiten Stuhl ist soviel Platz zu lassen, daß ein Mitspieler bequem durch die Lücke gehen kann.

Ein Mitspieler geht durch den Raum. Das ist der Spielleiter. Der Spielleiter tippt einen anderen Mitspieler an, der dann im Raum umhergeht oder umherläuft, ohne dabei zu sprechen.

Nachdem sich der Angetippte wieder hingesetzt hat, raten die anderen Mitspieler, wer im Raum umhergegangen ist. Danach wird ein anderer Mitspieler angetippt.

Es sollte jeder Mitspieler mindestens einmal die Möglichkeit haben, durch den Raum oder innerhalb des Kreises umherzugehen oder umherzulaufen.

Wer ist es?

Ab 8 Teilnehmer
30 Minuten / mehrere Durchgänge
Spiel für drinnen

Wir bilden einen Stuhlkreis. Ein Mitspieler denkt sich eine Person aus dem Kreis aus, die von den anderen Mitspielern zu erraten ist. Bei den Fragen kommt es darauf an, womit ihn der Mitspieler mit seinem Fremdbild identifiziert. Die Eigensicht des zu erratenden Mitspielers ist hierbei ohne Bedeutung.

Wer sich sicher fühlt, den betreffenden Mitspieler gefunden zu haben, kann es dem auswählenden Spieler ins Ohr flüstern. Ist seine Vermutung zutreffend, kann er die weiteren Fragen der Mitspieler mitbeantworten. Mehrere Durchgänge empfohlen.

Die möglichen Fragen:

Was wäre der Betreffende als Farbe?
Was wäre der Betreffende als Baum?
Was wäre der Betreffende als Gewürz?
Was wäre der Betreffende als Gewässer?

Was wäre der Betreffende als Strauch?
Was wäre der Betreffende als Gebäude?
Was wäre der Betreffende als Straße?
Was wäre der Betreffende als Kleidungsstück?

Was wäre der Betreffende als Tier?
Was wäre der Betreffende als Insekt?
Was wäre der Betreffende als Jahreszeit?
Was wäre der Betreffende als Beruf?

Was wäre der Betreffende als Stein?
Was wäre der Betreffende als Automarke?
Was wäre der Betreffende als Urlaubsland?
Was wäre der Betreffende als Tageszeit?

Romeo und Julia

Ab 8 Teilnehmer
30 bis 40 Minuten / 3 bis 5 Minuten je Durchlauf
Spiel für drinnen

Erstes Kennenlernen, Verliebtheit, Liebe und das Auseinandergehen betrifft alle Generationen und ist daher nicht altersspezifisch. So machen alle Phasen des Einlassens und Loslassens immer wieder neugierig.

Was ist mit dem ewigen Spiel der Liebe zwischen Romeo und Julia? Wo konnten sie sich treffen? Wie klar konnten sie miteinander sprechen - und über was? Haben sich die Zeiten geändert?

Welche Kontaktmöglichkeiten hatten sie
- im Mittelalter,
- kurz vor dem zweiten Weltkrieg,
- in der Gegenwart
  und
- wie wird es in dreißig Jahren sein?

Nach einer kurzen Spielvorbereitung spielen jeweils zwei Mitspieler Romeo und Julia und versetzen sich nach ihrer Wahl dabei in
- die Vergangenheit,
- die Gegenwart
  oder
- die Zukunft.

Nach den Spieldurchläufen der Spielpaare kann das Dargestellte Anlaß zu einem Gespräch zu den sich verändernden Zeiten und den eigenen Sichtweisen bieten.

Alarm

Ab 8 Teilnehmer
15 bis 20 Minuten / mehrere Durchgänge
Spiel für drinnen

Wir bilden einen Kreis. Ein Mitspieler stellt seinem Spielnachbarn irgendwelche Fragen. Bei den Antworten dürfen bestimmte Wörter nicht vorkommen.

Es läuten die Alarmglocken, wenn beispielsweise die Wörter *ja* und *nein* genannt werden. Bei einer Spielsicherheit lassen sich auch die Wörter *weiß* und *schwarz* als Erschwernis dazunehmen.

Anfangen kann das Spiel mit Fangfragen wie *„Hast du heute schon gefrühstückt?"* oder *„Hast du heute deine grünen Stiefel angezogen?"*

Bei Alarm wird der Befragte zum Frager. Bei diesem Alarmspiel ist der Inhalt der Fragen und der Antworten ohne Belang. Vielmehr kommt es hier mehr auf die Reaktion und den gemeinsamen Spaß an.

Mein Auge

Ab 8 Teilnehmer
10 Minuten
Spiel für drinnen

Wir gehen alle behutsam im Raum umher. Wir achten darauf, uns möglichst gleichmäßig im Raum zu verteilen. Treffen zwei Mitspieler aufeinander, stellen sie sich gegenüber.

Ein Mitspieler beginnt, indem er beispielsweise auf sein Ohr zeigt und sagt: „Das ist mein Auge". Sein Spielpartner verweist anschließend auf ein beliebiges anderes Körperteil von sich und sagt: „Das ist mein Ohr". Er nennt somit die reale Bezeichnung des Körperteils, worauf der erste Mitspieler bei sich gezeigt hat.

Die beiden Mitspieler wechseln sich beim Zeigen und beim Benennen der einzelnen Körperteile miteinander ab.

Natürlich geraten die Spielpaare mit dem Zeigen und dem Benennen der Körperteile durcheinander. Das ist auch so beabsichtigt.

Gibt es keine „Fehler", so ist das Übungstempo zu erhöhen. Bei einem Fehler sucht jeder Mitspieler des Spielpaars einen anderen Mitspieler. Natürlich kann jeder auch versuchen, andere Spielpaare mit Gesten aus der Verfassung zu bringen.

Jeder Mitspieler sollte die Möglichkeit haben, mit den meisten anderen Mitspielern diese Reaktionsübung zusammen machen zu können.

Fünftes Kapitel: Paarspiele

Zum Spieleinsatz 60
Paarpantomime 61
Verschlossen 62
Rückentafel 63
Stummes Duo 63
Spiegelbild 64
Blindenführung 64
Wahlwerbung 65
Phantasieball 66
Hör- und sprachlos 67
Erster Kuß 68

Zum Spieleinsatz

Die Spielanregungen aus dem Kapitel *Paarspiele* lassen sich auch wiederholt mit den gleichen Mitspielern einsetzen.

Als bewegungssanfte Paarspiele gelten:
Paarpantomime
und
Verschlossen.

Als bewegungsintensive Paarspiele gelten:
Spiegelbild,
Blindenführung
und
Phantasieball.

Als Konzentrationsspiele zu zweit gelten:
Rückentafel,
Stummes Duo,
Wahlwerbung,
Hör- und sprachlos
und
Erster Kuß.

Paarpantomime

Ab 8 Teilnehmer / Darstellungsspiel
10 bis 20 Minuten
Spiel für drinnen

Jeweils zwei Mitspieler setzen sich gegenüber, so daß jeder seinen Spielpartner gut sehen kann. Einer der Mitspieler verändert seinen Gesichtsausdruck und stellt damit sich verändernde Gefühle dar. Sein Spielpartner übernimmt nach und nach diesen Gesichtsausdruck.

Jeder läßt dem anderen Mitspieler genug Zeit, damit er sich in den veränderten Ausdruck hineinversetzen und ihn auch darstellen kann. Dabei wird nicht gesprochen.

Nach mehreren Durchgängen übernimmt der erste Darsteller die Gefühlsausdrücke seines Partners und sein Partner wird zum eigentlichen Darsteller.

Darstellen lassen sich dabei
- Wut,
- Aufregung,
- Trauer,
- Leere,
- Interesse,
- Überheblichkeit,
- Stimmigkeit,
- Anspannung,
- Verliebtheit,
- sich zieren,
- Verlegenheit
  und
- Leichtigkeit.

Verschlossen

Ab 6 Teilnehmer
15 Minuten / mehrere Durchgänge
Spiel für drinnen

Wir bilden Spielpaare. Ein Mitspieler legt sich auf den Boden und verschließt sich nach außen. Dabei kann sich der Liegende zu einem Knäuel zusammenkauern und auf die Seite legen. Keiner hat zu ihm einen Zugang.

Der Liegende hat kein Interesse an einem Kontakt nach außen. Sein Spielpartner versucht, ihn mit seinem körperlichen Vermögen aus dieser geschlossenen Liegehaltung zu befreien. Jegliche Art von körperlicher Gewaltanwendung ist dabei zu vermeiden.

Der Liegende geht erst dann darauf ein, wenn er sich sicher ist, daß eine echte Möglichkeit zu einem Kontakt, zu seiner Öffnung besteht.

Wie der Befreier es anstellt, mit ihm in einen Kontakt zu kommen, bleibt seiner Einfühlungsgabe überlassen.

Gelingt ihm die Öffnung des Liegenden, wird die Rolle getauscht. Der Liegende wird zum Körperbefreier und der Befreier wird zum Verschlossenen.

Mehrere Durchgänge empfohlen.

Rückentafel

Ab 8 Teilnehmer
10 bis 15 Minuten
Spiel für drinnen

Wir bilden Spielpaare. Ein Mitspieler setzt sich auf einen Stuhl. Sein Spielpartner stellt sich hinter ihn und schreibt ihm auf seinen Rücken eine Botschaft.

Und das geht so: Jeder Buchstabe wird langsam in Druckschrift mit den Fingern geschrieben. Ist ein Wort zu Ende, streicht er mit der flachen Hand sanft über den Rücken. Zur Antwort wechseln beide Partner ihre Plätze.

Stummes Duo

Ab 8 Teilnehmer
10 bis 15 Minuten
Spiel für drinnen

Zwei Mitspieler spielen gemeinsam das *Stumme Duo*. Sie stellen dabei ohne Sprache eine vorher abgesprochene Handlung dar: Die Zuschauer haben herauszufinden, was dargestellt wird. Wird richtig geraten, ist das Spielduo auszutauschen.

Mögliche darstellbare Handlungen:

Erstbesteigung eines Gebirges
Knöllchen wegen Falschparkens
Weihnachtsmann besucht Osterhasen
Brötchenkauf

Kuchenbacken
Zirkusdarbietung
Aufblasen eines Luftballons
Langstreckenlauf in Zeitlupe

Spiegelbild

Ab 8 Teilnehmer
15 bis 20 Minuten
Spiel für drinnen

Wir bilden Spielpaare. Die beiden Spielpartner stellen sich voreinander auf. Einer beginnt ganz langsam sich zu bewegen. Sein Spielpartner macht möglichst zeitgleich diese Bewegungen spiegelbildlich nach.

Nach einer Weile gibt es zu der Rolle des Impulsgebers keine Vereinbarung mehr. Für Außenstehende ist dann auch nicht mehr erkennbar, wer der jeweilige Bewegungsgeber ist und wer die Bewegungen doubelt.

Partnertausch empfohlen, wenn bei beiden Spielpartnern der Bewegungsfluß fließend ineinander übergeht.

Blindenführung

Ab 8 Teilnehmer
10 bis 15 Minuten
Spiel für drinnen

Wir bilden Spielpaare. Ein Mitspieler macht seine Augen zu, und sein Spielpartner führt ihn mit seiner Hand oder mit seinen Fingerspitzen durch den Raum.

Bei einer Spielsicherheit sagt dein Spielpartner mit gleichbleibenden Lauten, mit Pfeifen, mit einem leichten Händeklatschen, in welche Richtung er dich führen will. Gehe jeweils in die Richtung, aus der das Geräusch kommt.

Anschließend Rollentausch.

Wahlwerbung

Ab 8 Teilnehmer
20 bis 30 Minuten
Spiel für drinnen

In einem fernen Land, mehrere tausend Kilometer südöstlich vom Königreich Vampirlanien gelegen, sollen geeignete Minister für wichtige öffentliche Aufgaben gefunden werden.

Dabei gibt es ein Wahlkomitee, welches die richtigen Kandidaten herauszufinden hat. Sieger der Wahlwerbung wird der Bewerber, dem es gelingt, die Vorteile seines gegnerischen Bewerbers um das gleiche Ministeramt am überzeugendsten herauszustellen.

Zu besetzen sind die Ministerämter:

Tannenforstminister
Astrologieminister
Sandmännchenminister
Gartenminister

Zärtlichkeitsminister
Freizeitminister
Gummibärchenminister
Schlauchbootminister

Kinderminister
Trauerminister
Einradminister
Traumminister

Phantasieball

Ab 8 Teilnehmer
15 bis 20 Minuten
Spiel für drinnen

Es werden Spielpaare gebildet. Die Paare verteilen sich im Raum und spielen nacheinander mit verschiedenen Phantasiebällen.

Sie spielen nacheinander
- Federball,
- Handball,
- Fußball,
- mit einem großen Plüschball,
- mit einem Luftballon,
- mit einer Glaskugel
  und
- mit einem Medizinball.

Nachdem die Spielsicherheit eingesetzt hat, spielen die einzelnen Spielpaare den anderen Mitspielern ein von dem Paar ausgewähltes Ballspiel vor.

Die anderen Mitspieler erraten dabei, um was für ein Ballspiel es sich bei dem Spielpaar handelt.

Hör- und sprachlos

Ab 6 Teilnehmer
15 Minuten
Spiel für drinnen

Wir bilden Spielpaare und setzen uns gegenüber. Ein Spieler hat sein Gehör, der andere seine Sprache verloren.

Der gehörlose Sprecher stellt dem Sprachlosen Fragen, die dieser mit Handbewegungen und in einer selbsterfundenen Zeichensprache beantwortet.

Nach mehreren Minuten hört der Gehörlose und der Sprachlose spricht wieder. Die Rollen werden getauscht, da dabei der Sprachlose plötzlich sein Gehör und der Gehörlose seine Sprache verlieren.

Anschließend sind die Rollen noch mehrmals zu tauschen.

Erster Kuß

Ab 6 Teilnehmer
15 Minuten
Spiel für drinnen

Mit einem Spielpartner zusammen tauschst du dich über eine Erinnerung aus, die du einmal zum ersten Mal erlebt hast: Der erste Kuß. Nehme dazu gemeinsam mit deinem Spielpartner im Raum einen Platz ein, an dem du weitestgehend geschützt bist.

Vielleicht erinnerst du dich nicht sofort. Daher kann mit Hilfe deines Spielpartners durch eingrenzende Fragen nach deiner ersten Freundin oder deinem ersten Freund deine Erinnerung nach und nach erwachen.

Und langsam ist es dir möglich, dich zu erinnern, daß dein erster Kuß vielleicht anders war, als der freundliche Kuß deines Vaters oder deiner Mutter.

Da es dabei um ein beidseitiges Nachfragen geht, braucht keine Furcht vor einer einseitigen Befragung bestehen. Fragen läßt sich beispielsweise:
Warst du bei deinem ersten Kuß die treibende Kraft oder hast du es mehr mit dir geschehen lassen?
Was ist aus deinem damaligen Kußpartner geworden? Weißt du noch etwas von ihm?

Sechstes Kapitel: Spiele für Zwischendurch

Zum Spieleinsatz 70
Luftballontanz 71
Serienpantomime 71
Wunschtier 72
Fünf Gegenstände 73
Brauchtum 74
Zungenbrecher 75
Tiertanz 76
Winnetou 77
Gesichtsbotschaft 77
Zahlengeschichte 78

Zum Spieleinsatz

Die *Spiele für Zwischendurch* bieten vor allem einen Übergang zwischen zwei unterschiedlichen Spielblöcken und sind auch zum Spielausklang einsetzbar.

Spiele mit sanften Bewegungen:
Luftballontanz,
Serienpantomime
und
Brauchtum.

Spiele mit aktiven Bewegungen:
Wunschtier
und
Tiertanz.

Spiele zur szenischen Darstellung:
Winnetou (Stuhlhalbkreis)
und
Gesichtsbotschaft (Stuhlkreis).

Spiele zum Reaktionsvermögen:
Fünf Gegenstände,
Zungenbrecher
und
Zahlengeschichte (Stuhlkreis).

Luftballontanz

Ab 6 Teilnehmer
15 bis 20 Minuten
Spiel für drinnen

Wir bilden einen Halbkreis. Ein Spielpaar stellt sich in die Raummitte. Die beiden Mitspieler klemmen sich zwischen ihre Stirn einen aufgeblasenen Luftballon und versuchen, ihn zwischen ihren Köpfen zu bewegen.

Die Mitspieler versuchen den Luftballon zu drehen, behäbig langsam etwas in die Knie zu gehen und wieder aufzurichten.

Die Zuschauer unterstützen den Luftballontanz mit ihrem rhythmischen Klatschen. Fällt der Luftballon hin oder fliegt er zur Seite, wird das Spielpaar ausgetauscht.

Serienpantomime

Ab 12 Teilnehmer
20 bis 30 Minuten / mehrere Durchgänge
Spiel für drinnen

Etwa vier bis sechs Mitspieler gehen aus dem Raum. Die anderen Mitspieler einigen sich auf eine Tätigkeit, die dem ersten hereingerufenen Mitspieler aus der Runde pantomimisch vorgespielt wird.

Meint er, die Handlung verstanden zu haben, wird der nächste Mitspieler hereingerufen. Sein Vorgänger spielt ihm die von ihm vermutete Tätigkeit vor.

Der letzte der wieder hereingerufenen Mitspieler sagt, was er bei der pantomimischen Darstellung als Tätigkeit erkannt hat.

Mehrere Durchgänge empfohlen.

Wunschtier

Ab 8 Teilnehmer
Etwa 15 Minuten bei zwei Durchgängen
Spiel für drinnen

Wir bilden zwei Gruppen mit etwa der gleichen Anzahl von Mitspielern. Beide Gruppen stellen sich so gegenüber, daß jeder alle Mitspieler aus der jeweils anderen Gruppen gut sehen kann.

Die Mitspieler der ersten Gruppe können sich jetzt die Darstellung bestimmter Tiere wünschen. Alle Mitspieler der anderen Gruppe stellen das gewünschte Tier zuerst mit einer typischen Körperhaltung und anschließend in Bewegung dar.

Dabei läßt sich auch jeder Durchlauf für eine Gruppe auf eine bestimmte Tiergattung eingrenzen - wie Haustiere, Vögel, Fische oder Rotwild.

Bei einiger Spielsicherheit können die Mitspieler auch in ihrer jeweiligen Tierrolle aufeinander reagieren.

Danach Gruppenwechsel.
Mehrere Durchläufe empfohlen.

Darstellbare Tiere:

Bären, Adler, Menschenaffen, Löwen, Luchs, Faultier, Krokodil, Ratte, Maus, Schäferhund, Katze, Schlange, Känguruh, Stier, Schwein, Taube, Wolf und Papagei.

Fünf Gegenstände

Ab 12 Teilnehmer
10 Minuten / mehrere Durchgänge
Spiel für drinnen

Wir bilden einen Stuhlkreis. Ein Mitspieler geht in die Kreismitte und macht seine Augen zu. Die Mitspieler reichen sich untereinander einen handlichen Gegenstand von Hand zu Hand weiter - wie eine Kerze, einen Kugelschreiber oder eine Geldbörse.

Wenn der im Kreis stehende Mitspieler *Stopp* sagt und dabei einen bestimmten Buchstaben nennt, hat der augenblickliche Inhaber des Gegenstandes fünf Gegenstände zu benennen, die mit dem angesagten Buchstaben beginnen, wobei er auch eigene Wortschöpfungen erfinden kann. Die Buchstaben X und Y sind für das Spiel nicht tauglich.

Der Gegenstand macht weiterhin gleichzeitig seine Runde. Bei einem großen Kreis wird der Gegenstand blitzschnell weitergegeben, bei einem kleinen Kreis etwas behäbiger.

Kommt der Gegenstand beim Sprecher wieder an, bevor er seine Aufzählung beendet hat, geht dieser in den Kreis.

Beispiele für fünf Gegenstände:

Buchstabe A: Altbau, Anhänger, Aufzug, Apfel, Asche
Buchstabe B: Banane, Buch, Birne, Bergmann, Brikett
Buchstabe C: Cäsium, Computer, Camembert, Choralnoten
Buchstabe D: Dübel, Dauerwurst, Damm, Donner, Dauerkarte
Buchstabe E: Erbse, Ente, Engel, Eunuch, Ersparnisse

Buchstabe F: Freibier, Feuer, Falle, Faust, Fritten
Buchstabe G: Gin, Ginster, Graupe, Gummi, Götterspeise
Buchstabe H: Hammer, Hupe, Hopfen, Hummer, Henkelmann
Buchstabe I: Igel, Iglu, Immergrün, Ischiasnerv, Irrgarten
Buchstabe J: Jod, Jammertal, Jobticket, Junge, Jutetasche usw.

Brauchtum

Ab 12 Teilnehmer
15 bis 20 Minuten
Spiel für drinnen

Einzelne Regionen in Deutschland und in Europa werden auf den ersten Blick mit einer für sie typischen Brauchtumspflege gleichgesetzt.

Wir bilden Kleingruppen mit etwa sechs Mitspielern, die sich eine für eine bestimmte Gegend oder für eine bestimmte Region typische kulturelle Präsentation ausdenken.

Die Darstellung läuft pantomimisch ohne Ton. Gelingt es, auch auf die typische erwartete Atmosphäre einzustimmen? Die Zuschauer raten nach der Darbietung, um was es sich gehandelt haben kann.

Mögliche Regionen und ihr Brauchtum:

Rheinland (Köln): Karneval
Oberbayern (München): Wiesn
Schweiz (Basel): Fastnacht (Winteraustreiben)
Alpen (Königssee): Umzug zu Fronleichnam

Österreich (Tirol): Almabtrieb
Schweden (Uppsala): Sommersonnenwende
Afrika (Kenia): Fruchtbarkeitstanz
Pfalz (Neustadt/Weinstraße): Weinfest

Zungenbrecher

Ab 12 Teilnehmer
10 bis 15 Minuten
Spiel für drinnen

Wir bilden einen Halbkreis. Jeweils ein Spielpaar trägt gemeinsam in einer sich behutsam steigernden Sprechgeschwindigkeit synchron einen vorher verabredeten Zungenbrecher mindestens ein dutzendmal vor.

Zur Aufmunterung dieser Aufgabe kann die Gruppe das Spielpaar nach den ersten Durchgängen im Rhythmus auch anfeuern.

Das Aufsagen der Zungenbrecher ist schwierig, macht jedoch allen Spaß.

Mögliche Zungenbrecher:

In Ulm, um Ulm und um Ulm herum.
Wenn Fischers Fritz frische Fische fängt, fängt Fischers Fritz frische Fische.
Fünf Motten brummen wie die Schotten durch Klamotten.
Die Katze tritt die Treppe krumm und ist ganz stumm.

Der Luftballon am Luftkarton bläst Luft davon.
Gleich bei Blaubeuren gibt es blaue Beulen.
Drei Teertonnen - drei Trantonnen.
Der Traktor treckert Trockentrauben.

Tiertanz

Ab 8 Teilnehmer
10 bis 15 Minuten
Spiel für drinnen

Zu einem selbstgeklatschten Rhythmus bewegen wir uns wie bestimmte Tiere im Raum. Zuerst versucht jeder für sich in die Bewegung des jeweils angesagten Tieres zu kommen. Anschließend kann jeder den Rhythmus mit passenden Tönen begleiten.

Nach einiger Übung können sich zum gemeinsamen Rhythmus auch zwei unterschiedliche Tiere im Raum begegnen, die als einzelne Tiere und als Rudel aufeinander reagieren.

Die Tanzbewegungen:

Bewege dich als Elefant.
Bewege dich als Panther.
Bewege dich als Tiger.
Bewege dich als Huhn.

Bewege dich als Känguruh.
Bewege dich als Schlange.
Bewege dich als Leopard.
Bewege dich als Katze.

Die Bewegungspaare:

Affe und Känguruh
Leopard und Zebra
Krokodil und Katze
Elefant und Maus

Schwein und Hund
Dackel und Panther
Bär und Meerschweinchen
Kalb und Lamm

Winnetou

Ab 8 Teilnehmer
15 Minuten
Spiel für drinnen

Wir bilden einen Stuhlhalbkreis. An der offene Seite stehen nebeneinander drei leere Stühle. Ein Mitspieler setzt sich auf den mittleren leeren Stuhl und sagt einen Satz, der mit „Ich bin ... " beginnt. Beispiel: „Ich bin Winnetou". Zwei andere Mitspieler, denen hierzu eine lustige oder witzige Antwort einfällt, setzen sich jeweils neben Winnetou. Nun sagt Winnetou zu jedem einzelnen seiner beiden Beisitzer: „Ich bin Winnetou - und wer bist du?"

Der eine Mitspieler sagt beispielsweise: „Ich bin Brigitte Bardot und will mit dir eine Liebesnacht in Mexiko verbringen." Der zweite Mitspieler antwortet nach Winnetous Frage beispielsweise: „Ich bin Napoleon und will dich wachkitzeln." Winnetou wählt Napoleon, da er immer so müde ist und geht mit ihm zurück in den Kreis. Nun setzt sich Brigitte Bardot auf den mittleren Stuhl und das Spiel beginnt von neuem.

Gesichtsbotschaft

Ab 8 Teilnehmer
10 Minuten / mehrere Durchgänge
Spiel für drinnen

Wir bilden einen Stuhlkreis. Ein Mitspieler verzieht sein Gesicht. Mit diesem Gesicht wendet er sich seinem rechten Spielnachbarn zu. Dieser schaut das Gesicht an und übernimmt mit seinem Gesicht den Ausdruck. So wandert das Gesicht im Kreis bis zum ersten Mitspieler umher.

Ab der zweiten Spielrunde läßt sich passend zum Gesichtsausdruck auch eine Körperhaltung mit auf die Reise geben. Der Erstabsender ist bei jeder Spielrunde ein anderer Mitspieler.

Zahlengeschichte

Ab 8 Teilnehmer
10 Minuten
Spiel für drinnen

Wir bilden einen Stuhlkreis und erzählen uns eine Geschichte. Dazu zählen wir uns vorher reihum durch. Begonnen wird mit der Zahl *Eins*. Bei der *Zehn* gibt es eine *Null* und bei dem elften Mitspieler fängt es wieder mit der *Eins* an.

Erzählt wird reihum eine beliebige Geschichte mit vielen Zahlen. Wird die Zahl eines Mitspielers genannt, so hebt er seine Hände oder stellt sich hin.

Vergißt er es, so erzählt er die Geschichte weiter. Wird beispielsweise die *Sechzehn* genannt, so sind der Mitspieler mit der *Eins* und der Mitspieler mit der *Sechs* gemeint.

Spielvariation: Bei einer Spielsicherheit läßt sich der Schwierigkeitsgrad erhöhen. Jetzt ist auch auf in Wörtern versteckte Zahlen - wie bei den Wörtern *Acht*ung, ver*ein*nahmen, *drei*fach, *Neun*malklug, *vier*tel oder auch ent*zwei* zu reagieren. Zur Eingewöhnung sind die Zahlsilben zu betonen.

Beispiel für den Beginn der Zahlengeschichte:

Heute bin ich gegen *drei* aufgewacht. Dann habe noch *zwei* Stunden wachgelegen. Und dann das Frühstück: *Zwei* Eier, *drei* Butterbrote und *sieben* Tassen Kaffe. Es wurde Zeit. Wir hatten schon *neunzehn* vor *zehn,* und ich hatte noch *neun* Luftballons zu besorgen.

Ich hatte mir einen *vier*fachen Knoten ins Taschentuch gemacht, damit ich nicht vergaß. *Fünf*mal lief ich den Flur rauf und runter. Dabei stolperte ich *sieben*fach über die Türkante. Beim *neun*tenmal konnte ich endlich gehen. *Acht* Stufen übersprang ich, und schon war ich draußen. Es war kurz vor *zehn.*

Siebtes Kapitel: Ratespiele

Zum Spieleinsatz 80
Rate mal 81
Ich zeig dir ein Lied 82
Scherzfragen 83
Promiraten 84
Slowakischer Rundfunk 86
Röntgenblick 87
Fotoszene 88
Ja oder Nein? 89
Schweinekauf 90
Schummi 90

Zum Spieleinsatz

Die *Ratespiele* ermöglichen einen gemeinsamen spielerischen Einsatz zur Anregung der geistigen Fitneß und der Schulung der Sinnesorgane. Dabei kann es auch zu anregenden Sinnestäuschungen kommen.

Ratespiele zur Sinnesanregung:
Rate mal (Stuhlkreis),
Slowakischer Rundfunk (Stuhlkreis),
Röntgenblick,
Fotoszene,
Schweinekauf (Stuhlkreis möglich)
und
Schummi (Stuhlkreis möglich).

Ratespiele mit Wissenscharakter:
Ich zeig dir ein Lied,
Scherzfragen (Stuhlkreis),
Promiraten
und
Ja oder Nein?

Rate mal

Ab 10 Teilnehmer
20 bis 45 Minuten
Spiel für drinnen

Wir bilden einen Stuhlkreis. Drei bis vier Mitspieler sind außerhalb des Raumes und suchen sich ein pantomimisch darstellbares Thema aus. *Beispiel:* Tante-Emma-Laden.

Hierbei gibt es verschiedene zum Tante-Emma-Laden gehörende Handlungen:
- Ware einräumen,
- Milch eingießen,
- Briefmarken kleben,
- Leergut annehmen
  und
- Geld kassieren.

Die Gruppe verständigt sich, wer von ihnen die einzelnen Handlungen vormacht. Was der Vormacher macht, machen alle anderen der Gruppe sofort nach.

Der Spielkreis soll nun herausfinden, was für ein Thema sich die Gruppe ausgesucht hat und wer der Vormacher zu den einzelnen Handlungen ist. Danach wechselt die Gruppe.

Mehrfacher Durchgang empfohlen. Jeder sollte mindestens einmal als Pantomime auftreten.

Ich zeig dir ein Lied

Ab 8 Teilnehmer
20 bis 30 Minuten / mehrere Durchgänge
Spiel für drinnen
Zettel mit Namen der Lieder vorbereiten

Wir bilden einen Halbkreis. Nacheinander stellt jeder Mitspieler ein von ihm ausgewähltes bekanntes Volkslied oder einen aktuellen Liedtitel pantomimisch mit seinem Körper, mit seiner Gestik und Mimik dar. Fällt einem Mitspieler kein Lied ein, kann er eine Karte oder einen Zettel ziehen, auf dem ein Liedtitel steht.

Sobald einer das Lied erkannt hat, stimmt er das Lied an und alle versuchen zumindest mitzusummen. Die Lieder lassen sich auch mehrmals einsetzen. Mehrere Durchgänge empfohlen.

Darstellbare Lieder:

Die Antwort weiß nur der Wind (Zarah Leander)
Hoch auf dem gelben Wagen (Walter Scheel)
Am Brunnen vor dem Tore (Volkslied)
Der Mann im Mond, der hat es schwer (Gus Backus)
Neunundneunzig Luftballons (Nena)
Glühwürmchen, Glühwürmchen...
Es klappert die Mühle am rauschenden Bach (Volkslied)
Yesterday ... (Beatles)
Merci, mon ami, es war wunderschön (Zarah Leander)
Mama ... (Heintje)
Auf der Reeperbahn nachts um halb eins (Hans Albers)
In München steht ein Hofbräuhaus
Junge, komm bald wieder (Freddy Quinn)
Vor der Kaserne, vor dem großen Tor (Lale Andersen)
Ich hab` ein zärtliches Gefühl (Hermann van Veen)
Ich hab` einen Koffer in Berlin (Hildegard Knef)
Geb` dem Mann am Klavier noch ein Bier (Paul Kuhn)
Ich möcht` zo Fuß no` Kölle jon (Willy Ostermann)
Wir lagen vor Madagaskar (Volkslied)

Scherzfragen

Ab 8 Teilnehmer
Etwa 10 Minuten
Spiel für drinnen

Wir bilden einen Stuhlkreis. Reihum werden Scherzfragen gestellt. Weiß einer keine Antwort, geht die Frage an seinen Spielnachbarn weiter. Zu dem Wesen einer Scherzfrage gehört es, daß es mehrere mögliche Lösungen geben kann. Die Scherzfragen lassen sich durch den Spielkreis erweitern.

Beispielhafte Scherzfragen:

Welcher Stand ist der klügste Stand? (der Verstand)
Welches Laub verkürzt sich zunehmend? (Urlaub)
Was macht den Unterschied zwischen 10,00 DM und 10 Pfennig aus? (9,90 DM)
Welcher Abend beginnt am Morgen? (der Sonnabend)
Was schlägt ohne Hände? (Uhr)

Was ist schwerer: 1 kg Blei oder 1 kg Federn? (1 kg ist 1 kg)
Wer kann alle Sprachen sprechen? (das Echo)
Welche Mode bleibt stehen? (die Kommode)
Wer bekommt sein Geld im Handumdrehen? (Leierkastenmann)
Was liegt zwischen Berg und Tal? (und)

Was wärmt mehr als ein Pelz? (zwei Pelze)
Was läßt sich mit Worten nicht ausdrücken? (Waschlappen)
In welchem Monat ist es im Wald gefährlich? (im Mai - da schlagen die Bäume aus)
Welcher Stuhl hat keine Beine? (der Dachstuhl)
Welcher Tor ist ein Studierter? (Doktor)

Welcher Ring ist länglich? (der Hering)
Wer geht mit mir duschen und bleibt dabei trocken? (Schatten)
Mit welchem Hut ist ein Gruß kaum möglich? (Fingerhut)
Brennt Talg oder Wachs länger? (beide werden kürzer)
Welcher Monat hat 28 Tage? (jeder Monat)

Promiraten

Ab 8 Teilnehmer
20 bis 30 Minuten
Spiel für drinnen
Zettel vorbereiten mit Namen bekannter Künstler und Personen der Zeitgeschichte

Wir bilden einen Halbkreis. Nacheinander stellt jeder Mitspieler einen prominenten Künstler oder eine Person der Zeitgeschichte oder der Gegenwart mit etwas für sie „Typischem" dar.

Jeder Mitspieler kann sich wahlweise eine Person ausdenken oder eine Namenskarte ziehen. Sind zwei Personen darzustellen oder will ein Mitspieler eine Person in einer bestimmten Situation mit einem anderen Mitspieler gemeinsam darstellen, so kann er das machen.

Nach der Improvisation raten die anderen Gruppenmitglieder, um welche Person oder Personen es sich gehandelt hat.

Prominent und einmalig ist jeder Mensch. Daher lassen sich auch Kunstfiguren wie Micky Maus und Dagobert oder Dick und Doof, Märchenrollen der Gebrüder Grimm oder von Christian Andersen und der Gemüsehändler von nebenan darstellen und anschließend erraten.

Zwei Beispiele: Der Satz *Die Lage war noch nie so ernst wie heute* steht für *Konrad Adenauer* und der Tennisaufschlag bei den US Open für *Boris Becker*.

Mögliche darstellbare Persönlichkeiten:

Napoleon (französische Geschichtsfigur): Armhaltung im Aufschlag seiner Jacke
Adam und Eva (erste Menschen im Paradies): Vertreibung aus dem Paradies
Sheakespeare (englischer Dichter): *Sein oder Nichtsein, das ist hier die Frage*

John F. Kennedy (beliebter Politiker der USA, 1963 vor dem Rathaus in Berlin-Schöneberg): *Ich bin ein Berliner*
Willy Brand (Persönlichkeit der Zeitgeschichte zur Einheit Deutschlands): *Es wächst zusammen, was zusammengehört*
Papst (österlicher Segen durch den Heiligen Vater in Rom): *Urbi et orbi*
Nikita Chruschtschow (Staatschef der ehemaligen UdSSR): Schuhschlag auf dem Sprechpult der UNO zur Kubakrise, 1961 in New York/USA
Michael Schumacher (Rennfahrer): Besessener Blick in einer Kurve beim Formel-I-Rennen in Monte Carlo

Marilyn Monroe (Schauspielerin und Sängerin): *Happy Birthday, Mr. Präsident* (gemeint war John F. Kennedy)
Charly Chaplin (Komiker mit Schnäuzer): Kurzer Schritt mit Spazierstock und Melone
Edith Piaf (französische Chansonsängerin): *Milord...*
Charly Rivvel (Clown): *Schööön...*

Franz-Josef Strauß (Politiker aus Bayern): *Züchtung von Bananen in Alaska...*
Winston Churchill (britischer Staatsmann): *Lieber bla-bla-bla, als peng-peng-peng*
Udo Jürgens (Liedermacher): *Mit 17 hat man noch Träume*
Willy Schneider (Gemütsdarsteller): *Man sollte noch `mal 20 sein und so verliebt wie damals*

Hannibal (wirkliche Begebenheit): Mit Elefanten über die Alpen
Jesus von Nazareth (Begründer des Christentums): *Nehmet hin und trinket, das ist mein Blut*
Friedrich Schiller (Dichter aus Weimar): *Nehmet Holz vom Fichtenstamme, doch recht trocken laßt es sein...*
Karl der Große (Kaiser aus Aachen): In seinem Reich ging die Sonne nicht unter.

Slowakischer Rundfunk

Ab 8 Teilnehmer
20 bis 30 Minuten / mehrere Durchgänge
Spiel für drinnen

Wir bilden einen Stuhlkreis. Zwei Mitspieler werden hinausgebeten. Alle anderen Mitspieler einigen sich auf einen bestimmten Begriff oder eine Erscheinung, die auch erfunden sein kann.

Beispielerscheinungen:
Männer mit vier Nasen.
Kirchen ohne Fenster.
Bundesfreudenamt.

Jetzt darf das Reporterteam kommen. Das Reporterteam stellt immer abwechselnd die Fragen. Sie können sich auch untereinander beratschlagen.

Nacheinander geht jeder Reporter auf einen Mitspieler zu, stellt sich ihm zuerst mit der Standardfrage vor: *Ich komme vom Slowakischen Rundfunk, was halten Sie von...?*

Aus den Antworten versuchen beide Reporter gemeinsam herauszubekommen, um was für einen Begriff oder um was für eine Erscheinung es sich handelt.

Fällt es dem Reporter sehr schwer, den Begriff oder die Erscheinung zu finden, so können ihn die Mitspieler mit ihren Antworten auch etwas auf die Lösung stoßen.

Mehrere Durchgänge empfohlen.

Röntgenblick

6 bis 10 Teilnehmer
Bei mehr als 10 Teilnehmern sind Teilgruppen zu bilden
20 bis 30 Minuten / mehrere Durchgänge
Spiel für drinnen

Ein Spieler geht aus dem Raum. Die Mitspieler im Raum verabreden eine bestimmte Tätigkeit, die der Spieler mit dem Röntgenblick nachher ausführen soll.

Der hereingerufene Spieler wird mit einem zu- und abnehmenden Summen auf den Gegenstand hingeführt, mit dem er etwas Bestimmtes anfangen soll.

Das Summen verstummt erst dann, wenn er das macht, was sich die Mitspieler ausgedacht haben. Dann ist er auch wahrhaft ein Spieler mit Röntgenblick.

Mehrere Durchgänge empfohlen.

Mögliche Tätigkeiten:

Sich vor einer bestimmten Person verbeugen.
Einen Stuhl auf den Kopf stellen.
Ein Bild abhängen.
Einem die Haare binden.

Sich einem auf den Schoß setzen.
Sich auf einen Tisch legen
Auf einen Stuhl steigen.
Seine Arme ausbreiten.

Seine Schuhe ausziehen.
Eine Jacke überziehen.
Die Heizung anstellen.
Die Uhrzeit ansagen.

Fotoszene

Ab 8 Teilnehmer
20 bis 30 Minuten
Spiel für drinnen

Wir bilden Kleingruppen mir vier bis sechs Mitspielern. Jede Gruppe stellt zu einem beliebigen Thema eine gestellte Fotoszene zusammen. Die Mitspieler frieren dabei zu einem Fotobild ein.

Die anderen Mitspieler erraten anschließend, was durch die Fotoszenen dargestellt ist. Hierbei bietet es sich an, anschließend von den Zuschauern mögliche szenische Übertreibungen auf dem Foto der Wirklichkeit anzugleichen.

Mögliche Fotoszenen:

Autounfall
Politikerrede
Liebesfilm
Gruselfilm

Strandszene
Jubiläum
Marktszene
Überfall

Richtfest
Modeschau
Heuernte
Abschlußfeier

Ja oder Nein?

Ab 12 Teilnehmer
5 bis 10 Minuten
Spiel für drinnen

Wir bilden einen Halbkreis. In der Mitte des Halbkreises stehen nebeneinander zwei Stühle. Der eine Stuhl ist der *Ja*-Stuhl, der andere Stuhl der *Nein*-Stuhl.

Gleich werden verschiedene Fragen gestellt, die nur mit einem *Ja* oder mit einem *Nein* zu beantworten sind. Jeder Mitspieler erhält eine Zahl. Wird seine Zahl aufgerufen, so hat er sich möglichst schnell entweder auf den *Ja*-Stuhl oder den *Nein*-Stuhl zu setzen.

Mögliche Fragen:

Liegt Köln an der Isar?
Ist München ein Land?
Ist ein Auto auch mit einer Holzbefeuerung antreibbar?
Ist Bonn die Bundeshauptstadt von Deutschland?

Erzeugt eine Birne Strom?
Läßt sich Teer an den Händen mit Butter entfernen?
Ist eine Jonglage eine Soße?
Gibt es rechteckige Quadrate?

Ist Liebe teilbar?
Ist der Tortenheber ein anerkannter Ausbildungsberuf?
Liegt Paris am Meer?
Kann es im Sommer auch schneien?

Läßt sich Regenwasser trinken?
Ist Sehnsucht eine Sucht?
Ist Kohl ein Gemüse?
Ist Weiß eine Farbe?

Schweinekauf

Ab 8 Teilnehmer
5 Minuten
Spiel für drinnen

Die zu lösende Aufgabe ist schwierig. Ein Schweinebauer trägt schweinisch-hinterlistig vor: Ich habe am Morgen für 70 $ redlich ein Schwein gekauft. Ich kann beschwören, daß alles ganz seriös war. Am Mittag habe ich das Schwein für 80 $ verkauft.

Am Abend habe ich für 90 $ ein neues Schwein ganz redlich gekauft und am anderen Morgen - welch ein Wunder - habe ich das Schwein für immerhin 100 $ verkauft.

Nun will ich wissen: Hat sich das alles für mich gelohnt oder habe ich draufgezahlt?

Die Lösung: Obgleich die Lösung klar ist, fangen viele Mitspieler verdutzt an zu rechnen, sofern die Schweinegeschichte beispielsweise saugut bis tragischdramatisch vorgetragen wird.

Schummi

Ab 8 Teilnehmer
10 Minuten
Spiel für drinnen

Schummi ist ganz wichtig und hat ein Ziel: Jeder soll ihn mögen. Er mag beispielsweise Brillen, dagegen mag er keinen Spazierstock. Schummi mag Beeren, Kinder findet er abscheulich. Schummi mag Löffel, Gabeln dagegen nimmt er nicht zur Kenntnis.

Schummi mag dich, wenn du ihm auf die Schliche kommst. Die Frage ist, wie kommst du ihm auf die Schliche?

Die Lösung: Schummi mag nur Doppelbuchstaben.

Achtes Kapitel: Kreisspiele

Zum Spieleinsatz 92
Telefon 93
Wortkette 94
Apfelkuchen 94
Summkette 95
Arm und Kopf 95
Früchtekorb 96
Beschreibung 97
Körperbewegungen 97
Geschichtenkreis 98
Rakete 99
Wanted 100
Komm zu mir 101
Fragerunde mit Sekretär 102

Zum Spieleinsatz

Die *Kreisspiele* eignen sich auch für Mitspieler mit geringen Spielerfahrungen und zum Einsatz in altersgemischten Gruppen. Kreisspiele lassen sich als Spielform ideal verwenden für Erzähl-, Reaktions- und Wahrnehmungsspiele.

Erzählspiele in Kreisform:
Telefon (Stuhlkreis),
Geschichtenkreis (Stuhlkreis),
Wanted (Stuhlkreis möglich)
und
Fragerunde mit Sekretär (Stuhlkreis).

Reaktionsspiele in Kreisform:
Wortkette (Stuhlkreis),
Summkette (Stuhlkreis),
Körperbewegungen (Stuhlkreis möglich)
und
Komm zu mir (Stuhlkreis).

Wahrnehmungsspiele in Kreisform:
Apfelkuchen (Stuhlkreis),
Arm und Kopf (Stuhlkreis),
Früchtekorb (Stuhlkreis),
Beschreibung (Stuhlkreis)
und
Rakete (Stuhlkreis).

Telefon

Ab 6 Teilnehmer
10 bis 15 Minuten
Spiel für drinnen

Wir setzen uns in den Kreis und schließen unsere Augen. Ein Telefonist verbindet dich gleich für ein dringendes Ferngespräch. Laß dich überraschen, wer dich verlangt und um was es dabei geht.

Der Telefonist stößt dich an: dein Telefon klingelt. Der Telefonist sagt dir dann auch, wer du bist. Kurz darauf steht die Leitung zu deinem Telefonpartner.

Auch die Verbindung mit deinem Partner stellt der Spielleiter durch ein Anstoßen her und sagt ihm, wer er ist. Beide Gesprächspartner erfahren natürlich auch, worum es bei dem Gespräch gehen soll.

Wenn alle Leitungen belegt sind, entsteht ein richtiges Stimmengewirr, bei dem auch mal eine Leitung zusammenbrechen kann. Du mußt dir deinen Telefonpartner ganz weit weg von dir vorstellen. Und so mußt du schon sehr laut sprechen, um verstanden zu werden.

Mögliche Rollen und Themen:

Silvia will Peter zu einer Bootsfahrt einladen.
Henrik will seiner Mutter die Geburt seiner Tochter mitteilen.
Birgit will sich in ihrer Dienststelle krankmelden.
Gabi will ihre defekte Waschmaschine umtauschen.
Sonja will dich auf eine wichtige Demo mitnehmen.

Friedrich will Rat bei der Telefonseelsorge.
Heinz will seinen Fernseher anmelden.
Kapitän Otto bekommt eine Sturmwarnung vom Seewetteramt.
Tante Britta will dich vor schlechten Einflüssen bewahren.
Tina benötigt den ärztlichen Notdienst.

Wortkette

Ab 8 Teilnehmer
10 Minuten
Spiel für drinnen
Benötigt wird ein Plüschball oder ein geknäulter Pullover

Wir bilden einen Stuhlkreis. Ein Mitspieler sagt ein zusammengesetztes Wort und wirft gleichzeitig einen möglichst großen Plüschball zu einem anderen Mitspieler aus dem Kreis.

Der Fänger übernimmt das letzte Wort und denkt sich ein neues passendes zweites Wort hierzu aus. Fällt ihm kein neues zusammengesetztes Wort ein, so wirft er den Ball zurück an seinen vorangegangenen Mitspieler.

Beispiele für eine Wortkette: Apfelkuchen, Kuchenteller, Telleraufsatz, Aufsatzheft, Heftpflaster, Pflastersteine, Steinwand, Wandteppich, Teppichklopfer, Klopferstange, Stangenbohne, Bohnenkraut, Krauttabak, Tabakdose, Dosenbier usw.

Apfelkuchen

Ab 8 Teilnehmer
10 bis 15 Minuten / mehrere Durchgänge
Spiel für drinnen

Wir bilden einen Stuhlkreis. Reihum nennt jeder Mitspieler ein für ihn leckeres Gericht - natürlich kann es sich dabei auch um Kuchen, um Gebäck oder um eine Nachspeise handeln.

Dies kann Apfelkuchen mit viel Sahne, die heißgeliebte Götterspeise, Rührei mit Speck, Früchtemüsli oder auch Sauerbraten mit Preiselbeeren und Eierkartoffeln sein.

Ab der zweiten Runde nennt jeder Mitspieler den Namen seines rechten Spielnachbarn nebst dessen Leibgericht. Bei Vergeßlichkeit helfen die Spielnachbarn nach.

Summkette

Ab 8 Teilnehmer
10 bis 15 Minuten
Spiel für drinnen

Wir bilden einen Stuhlkreis und fassen uns an den Händen. Ein Mitspieler fängt an zu summen. Mit einem leichten Händedruck gibt er das Summen an seinen Spielnachbarn zu seiner rechten oder linken Seite oder an seine beiden Spielnachbarn weiter. Ist der Summton bereits mehrere Mitspieler weit weg, so kann er einen neuen Summton eingeben.

Es kann auch sein, daß für eine Weile das Summen verstummt oder auch an mehreren Stellen des Kreises gleichzeitig ein Summton erklingt. Statt eines Summtons kann auch gepfiffen oder mit den Selbstlauten *Oh*, *Ah* und *Uh* gespielt werden.

Arm und Kopf

Ab 8 Teilnehmer
10 Minuten
Spiel für drinnen

Wir bilden einen Stuhlkreis. Ein Mitspieler legt die Hand auf seinen Arm und sagt: *Das ist mein Kopf*. Sein Spielnachbar legt die Hand auf seinen Kopf und sagt: *Das ist mein Arm*. Es erfolgen bei diesem Spiel immer gegenseitige Benennungen.

Bei einer Spielsicherheit aller Mitspieler kann es auch schwierigere Feststellungen geben. *Das ist mein linkes Ohrläppchen* und der Mitspieler zeigt auf seine rechte Kniescheibe. Sein Spielnachbar antwortet: *Das ist meine rechte Kniescheibe* und zeigt gleichzeitig auf sein linkes Ohrläppchen.

Es fällt den meisten Mitspielern schwer, etwas Bestimmtes zu zeigen und es gleichzeitig anders zu benennen. Dieses Spiel erscheint daher auch nur auf den ersten Blick leicht.

Früchtekorb

Ab 8 Teilnehmer
15 bis 30 Minuten
Spiel für drinnen

Wir bilden einen Stuhlkreis. Im Kreis wird ein fiktiver oder realer Korb herumgereicht. Jeder Mitspieler entnimmt dem Korb fiktiv eine Frucht oder ein Gemüse, das er genüßlich verspeist.

Nachdem die Frucht oder das Gemüse verspeist wurde, raten die anderen Mitspieler, um was es sich gehandelt hat.

Nach dem Erraten reicht der Darsteller den Früchtekorb seinem nächsten Nachbarn weiter, der nun selbst dem Korb eine Frucht oder ein Gemüse entnimmt und langsam verzehrt.

Die Mehrfachverwendung ist möglich. Jeder Mitspieler sollte mindestens einmal drankommen.

Zum Spielschluß lassen sich auch reale Früchte oder zum Verzehr geeignetes rohes Gemüse verteilen, das auch Diabetiker essen dürfen.

Beschreibung

Ab 8 Teilnehmer
20 bis 30 Minuten
Spiel für drinnen

Wir bilden einen Stuhlkreis so, daß wir alle nach außen sehen. Ein Mitspieler beginnt, einen anderen Mitspieler aus dem Gedächtnis zu beschreiben.

Erst wenn er mit seiner Beschreibung abgeschlossen hat, sagen die anderen Mitspieler, wer aus dem Kreis gemeint ist. Es können verschiedene Teilnehmer den gleichen beschreiben. Damit die Spannung aufrechterhalten wird, lassen sich auch optische Kleinigkeiten und persönliche Merkmale umschreiben.

Körperbewegungen

Ab 8 Teilnehmer
5 bis 10 Minuten
Spiel für drinnen

Wir bilden einen Kreis und schließen unsere Augen. Reihum sagt jeder Mitspieler mindestens eine Körperbewegung an, die alle mitmachen können.

Beispiele der Körperbewegungen:

Hebe und senke dein linkes Bein.
Drehe dich im Kreis.
Klatsche mit deinen Händen.
Hebe und senke deinen Kopf.
Reiche deinem Spielnachbarn deine Hände.
Lege dich auf den Bauch.
Strecke deine Arme in die Höhe.
Stelle dich breitbeinig hin.

Geschichtenkreis

Ab 6 Teilnehmer
10 bis 15 Minuten
Spiel für drinnen

Wir bilden einen Kreis. Im Uhrzeigersinn erzählen wir uns gemeinsam eine kleine spannende Geschichte. Jeder tritt dabei als Erzähler auf und jeder hört zu.

Jeder Teilnehmer nimmt zumindest in seinem ersten Satz einen logischen Bezug zu seinem Vorredner. Entstehen kann eine einmalige Phantasiegeschichte, die Spaß macht.

Spätestens nach drei Sätzen wird die Geschichte an den Spielnachbarn zum Weitererzählen weitergeben, wobei die Übergabe innerhalb eines Satzes erfolgt, so daß der Folgeredner den angefangenen Satz noch zu einem logischen Ende zu bringen hat.

Möglicher Beginn einer Geschichte:

Gestern fuhr ich mit meinem Paddelboot in Düsseldorf die Kö runter. Plötzlich kam von rechts ein Elefant und nahm mir die Vorfahrt. Dem habe ich es aber gegeben. Der Dickhäuter hat nicht auf mich gehört. Er /Partnerwechsel/ hatte nur Augen für seine Angebetete, eine Ratte aus dem Abwasserkanal. Nur für den Kanal war der Elefant einfach zu dick.

Und so machte er eine Abwasserkur auf der Kö in Düsseldorf. Plötzlich kam ihm /Partnerwechsel/ die Idee, es mal mit Verstand zu versuchen. Da dachte er nach und schlief ganz fest ein.

Ein tiefer Traum entführte ihn in das Reich der Zeitlosigkeit. Im Traum wußte er nicht, ob er träumte /Partnerwechsel/ oder andere für sich träumen ließ. In Wirklichkeit war er der Direktor von einem wichtigen Institut.

Das Institut forschte und forschte /Partnerwechsel/ und keiner bekam es mit. Der Direktor war schließlich sehr wichtig... usw.

Rakete

Ab 8 Teilnehmer
15 bis 20 Minuten / mehrere Durchgänge
Spiel für drinnen

Wir bilden einen Stuhlkreis. Auf ein bestimmtes Zeichen hin verrichten wir alle miteinander eine bestimmte Handlung. Dabei sind höchstens fünf verschiedene Vorgaben zu verwenden. Eine höhere Zahl bestimmter vorgegebener Tätigkeiten können sich nicht alle Teilnehmer merken.

Gemeinsame Handlungen:

Rakete 1: Die Arme verschränken.
Rakete 2: Die Hände auf die Schenkel schlagen.
Rakete 3: Mit den Füßen aufstampfen.
Rakete 4: Den Kopf verneigen.
Rakete 5: Die Hände auf die Beine legen.

Das sieht sehr einfach aus, hat jedoch einen Haken: Die Raketenanweisung gilt nur, wenn der Spielleiter das Kommando „Rakete" gibt und die dazugehörende Handlung mitmacht.

Gibt er die Anweisung zu einer Rakete und macht eine andere Handlung, scheidet derjenige aus, der hierauf reingefallen ist. Die Zahl allein hat keine Bedeutung.

Der bei diesem Spiel zuletzt Übriggebliebene gibt in der anschließenden Runde die Raketenanweisungen und versucht, die anderen Mitspieler dabei reinzulegen.

Wanted

Ab 8 Teilnehmer
15 bis 20 Minuten / mehrere Durchgänge
Spiel für drinnen

Wir bilden einen Kreis. Ein Mitspieler erzählt dem Spielnachbarn zu seiner rechten Seite, daß einer aus dem Kreis von der Polizei gesucht wird.

Natürlich ist eine hohe Belohnung ausgesetzt, und er hat da so seine Vermutung, wer es sein kann. Nach einigen *Wanted*-Sätzen geht diese haarsträubende Geschichte an den Spielnachbarn weiter, der sie weiterspinnt und seine Vemutungen dazudichtet.

Fängt er an, die vermutete Person zu beschreiben oder bleibt er vage, damit er die Belohnung allein abkassieren kann?

Die Geschichte macht ihre Runde.

Kommt es zur Ergreifung des Gesuchten?

Komm zu mir

8 bis 16 Teilnehmer
30 bis 40 Minuten
Spiel für drinnen

Wir bilden einen Stuhlkreis. In der Kreismitte setzt sich ein Mitspieler auf einen Stuhl. Die übrigen Mitspieler lassen sich etwas einfallen, um mit ihm den Platz tauschen zu können. Dabei sind nur einlösbare Vorschläge zu machen.

Nach mehreren Lockangeboten entscheidet sich der Mitspieler aus der Kreismitte für den Vorschlag, der ihn am meisten anspricht. Der entsprechende Mitspieler löst nun seine Zusage ein und tauscht mit ihm seinen Platz.

Danach werden dem neuen Mitspieler in der Kreismitte Lockangebote zum Platztausch gemacht.

Mögliche Beispiele für Lockangebote:

Komm zu mir, ich mache für dich einen Handstand.
Komm zu mir, ich singe dir deinen Namen rückwärts.
Komm zu mir, ich trage dich auf meinen Händen.
Komm zu mir, ich küsse deine Stirn.

Komm zu mir, ich kämme dir dein Haar.
Komm zu mir, ich singe dir ein Lied.
Komm zu mir, ich erzähle dir einen Witz.
Komm zu mir, ich halte dich in meinen Armen.

Fragerunde mit Sekretär

8 bis 16 Teilnehmer
20 bis 30 Minuten
Spiel für drinnen

Wir bilden einen Stuhlkreis. Jeder darf jetzt jedem anderen Mitspieler mit Fragen, die er immer schon stellen wollte, auf die Pelle rücken.

Da wir alle ganz vornehm sind, haben wir auch unsere eigenen Sekretäre. Und die sitzen jeweils rechts neben uns und beantworten die an uns gerichteten Fragen in der Ich-Form.

Weiß der persönliche Sekretär eine Frage nicht zu beantworten, so denkt er sich eine für ihn mögliche Antwort aus. Daher ist es nicht von Bedeutung, ob seine Antwort stimmt oder frei erdacht ist.

Wird beispielsweise an Friedhelm die Frage gerichtet, ob er schon einmal Pflaumenkuchen selbst gebacken habe, so antwortet die rechts neben ihm sitzende Birgit, indem sie die gewichtigen Umstände erzählt, die das Backen bisher verhinderten oder von seiner Begeisterung fürs Backen von Pflaumenkuchen.

Die Antworten zu den gestellten Fragen dürfen nicht nur mit einem Ja oder einem Nein gegeben werden, sondern sind phantasievoll mit den näheren Umständen zu illustrieren.

Neuntes Kapitel:
Spiele für alle Generationen

Zum Spieleinsatz 104
Setz dich durch 105
Treppenhaus 106
Gegenstände erkennen 107
Meisterkoch 108
Tratschnudel 109
Testament 110
Modell stehen 111
Volksmund 112
Typisch 114
Erzähler 115
Müllers Fritz 116

Zum Spieleinsatz

Die *Spiele für alle Generationen* lassen sich ohne Sprachangleichung bei allen Altersgruppen einsetzen, wobei gerade dem altersgemischten Spieleinsatz ein Reiz für alle Beteiligten zukommt.

Die Spiele
Setz dich durch,
Treppenhaus (Stuhlkreis),
Gegenstände erkennen (Stuhlkreis),
Meisterkoch (Stuhlkreis),
Modell stehen,
Volksmund,
Typisch
und
Erzähler (Stuhlkreis)
sind auch als Gesellschaftsspiele nutzbar.

Die Spiele
Tratschnudel (Stuhlkreis),
Testament
und
Müllers Fritz (Stuhlkreis)
sind auch für Spielfeste nutzbar.

Setz dich durch

Ab 8 Teilnehmer
30 bis 40 Minuten
Spiel für drinnen

Selbstbewußtsein macht Interessen deutlich. Nachfolgend gibt es einige Spielsituationen, in denen wir unser Selbstbewußtsein in Kleingruppen wirklichkeitsnah zeigen können. Bleibe in der von dir angenommenen Rolle auch dann, wenn es dir persönlich sehr schwerfällt.

Nach mehreren gespielten Szenen in einem vorgegebenen Spielrahmen lassen sich auch selbst ausgedachte Szenen spielerisch umsetzen. Dabei bleibt es den Mitspielern einer Szene überlassen, sich vorher gemeinsam zu überlegen, wie sie den darzustellenden Konflikt zusammen angehen und lösen wollen.

Es ist unerheblich, ob die Mitspieler persönlich mit ihrer Rolle und dem Spielverlauf zufrieden sind oder ob sie sich in der Rolle wohl fühlen. Im Spiel geht es um die Wirklichkeitsnähe und um die Möglichkeit, einen Weg der Wirklichkeit gemeinsam zu begehen.

Szenenvorschläge:

Du wirst als Schwarzfahrer in der S-Bahn erwischt (mindestens 2 Mitspieler).

Ein Gast beschwert sich beim Wirt über unfreundliches Verhalten der Bedienung (mindestens 2 Mitspieler).

Eine schwangere Frau will bei dir ein Zimmer mieten (mindestens 2 Mitspieler).

Du öffnest zwei überzeugten Zeugen Jehovas, die beharrlich an deiner Tür geklingelt haben, obgleich du gleichzeitig ein dringendes Telefonat führst (mindestens 3 Mitspieler).

Die Eltern haben Zoff mit ihrer 14jährigen Tochter, die erst weit nach Mitternacht nach Hause kommt (mindestens 3 Mitspieler).

In der Wohngemeinschaft bezichtigt ein Mitbewohner einen anderen Mitbewohner des Diebstahls (mindestens 2 Mitspieler).

Dein Hausarzt will dich nicht weiter behandeln, da du deine Medikamente nicht regelmäßig nimmst (mindestens 2 Mitspieler).

Du triffst deinen Freund, mit dessen Auto du einen schweren Unfall gebaut hast (mindestens 2 Mitspieler).

Treppenhaus

Ab 8 Teilnehmer
10 bis 15 Minuten
Spiel für drinnen

Wir bilden einen Stuhlkreis. Tratsch im Treppenhaus. Wir machen ihn etwas anders. Ein Mitspieler beginnt mit einer Aussage. Der nächste fragt hierzu nach oder verwirft seine Aussage. Der nächste Mitspieler reagiert hierauf. Natürlich lassen sich dabei die üblichen Floskeln mit Übertreibungen auskosten.

Beispiel für ein Treppenhausgespräch:

Der erste Mitspieler: Neulich, wissen Sie, da habe ich doch was gehört. Und das darf ich Ihnen ja nicht erzählen.
Sein Spielnachbar fragt nach: Was haben Sie denn gehört?
Der dritte Spielnachbar antwortet auf diese Frage, daß der Herr Soundso doch wieder gesehen wurde.
Der vierte Mitspieler: Wo war er denn?
Der nächste Mitspieler: Bei der Frau Soundso.
Sein Spielnachbar: Das stimmt doch nicht. Das reimen Sie sich zusammen. Der Herr Soundso ist doch ausgewandert.

Gegenstände erkennen

Ab 8 Teilnehmer
10 bis 15 Minuten
Spiel für drinnen

Wir bilden einen Stuhlkreis und schließen die Augen. Hinter dem Rücken der Mitspieler erfühlt jeder Mitspieler kleine Gegenstände und reicht sie zu seinem rechten Spielnachbarn weiter.

Die einzelnen Gegenstände sollten sich möglichst voneinander unterscheiden. Es ist beispielsweise schwierig, auf Anhieb einen Kugelschreiber von einem Bleistift zu unterscheiden.

Jeder Mitspieler hat die Aufgabe, möglichst viele Gegenstände zu erkennen. Die von ihm identifizierten Gegenstände kann er sich auch aufschreiben. Anschließend kann er sein Gemerktes mit den in die Kreismitte gelegten Gegenständen vergleichen

Beispiele kleiner Gegenstände:

Geldstück,
Uhr,
Brosche,
Kugelschreiber,
Musikkassette,
Kreide,
Taschentuch,
Ring.

Meisterkoch

Ab 10 Teilnehmer
15 bis 20 Minuten / mehrere Durchgänge
Spiel für drinnen

Wir bilden einen Stuhlkreis. Zwei Mitspieler werden hinausgeschickt. Die verbleibenden Mitspieler einigen sich auf einen Meisterkoch unter ihnen.

Der Meisterkoch hat die schwierige Aufgabe, verschiedene berufstypische Handlungen vorzumachen, die von seinen Kochlehrlingen möglichst zeitgleich nachgemacht werden sollen.

Alle versuchen, die Übergänge von einer Handlung zur nächsten möglichst fließend zu machen - beispielsweise den Übergang vom Teigrühren zum Zwiebelhacken. Die Gutachter sollen es schwer haben, den Meisterkoch zu entlarven.

Mehrere Durchgänge mit Berufswechsel empfohlen. *Berufsbeispiele:* Bäcker, Metzger, Konditor, Friseur, Dachdecker, Heizungsmonteur, Schuster, Maurer, Förster, Zahnarzt und Busfahrer.

Tratschnudel

Ab 8 Teilnehmer
10 bis 15 Minuten
Spiel für drinnen

Wir bilden ein Stuhlkreis. Ein Mitspieler setzt ein Gerücht in Umlauf und flüstert als erste Tratschnudel seine Vermutung in das Ohr des rechten Spielnachbarn.

Der Spielnachbar fügt dem Gerücht eine weitere Vermutung hinzu. Dabei kann von der weitergegebenen Botschaft auch einmal etwas vergessen werden.

Nach dem ersten Durchgang wird die Endfassung der Tratschrunde mit der Urfassung verglichen. Bei Interesse lassen sich auch die einzelnen Tratschstationen für alle verstehbar Revue passieren. Unsere Runde kann etwa so beginnen:

Die erste Tratschnudel zu ihrem Nachbarn:
Der Peter, Sie wissen ja, der Peter hat sich ja einen neuen schikken Mercedes gekauft, obwohl der doch eine arme Sau ist. Woher hat der plötzlich so viel Geld? Schulden machen konnte er ja nicht mehr.

Die zweite Tratschnudel:
Der Peter hat sich einen neuen Mercedes organisiert. Das geht doch nicht mit rechten Dingen zu, zumal seine Schulden ihm doch nicht mehr die Butter aufs Brot lassen.

Die dritte Tratschnudel:
Der Peter muß im Lotto gewonnen haben. Der Mercedes steht schon vor der Tür, obwohl sein Haus doch unter den Hammer gekommen ist.

Die vierte Tratschnudel:
Der Peter hat ja ein neues Verhältnis. Das weiß die andere sicher nicht. Jedenfalls schmeißt der mit dem Geld nur so um sich. Der neue Mercedes mußte ja nicht sein, wo doch seine Kinder nicht das Nötigste bekommen.

Testament

Ab 8 Teilnehmer
30 Minuten / mehrere Durchgänge
Spiel für drinnen

Ein Mitspieler macht sein Testament. Damit auch alles ordentlich abgewickelt werden kann, geht er erst einmal für eine Weile aus dem Raum.

Die verbleibenden Mitspieler vereinbaren untereinander, was sie alles von ihm erben. Jeder Mitspieler bekommt eine Zahl und merkt sich hierzu den zu erbenden Gegenstand.

Jetzt darf der hereingebetene Mitspieler seinen letzten Willen kundtun. Hierbei wird zuerst lediglich die Zahl genannt und nicht, um was es sich handelt. Der Mitspieler sagt zu der Zahl, wen er mit der jeweiligen Erbschaft begünstigt - sich selbst, Bekannte, Vereine, ein/e Geliebte/r oder auch Personen aus dem öffentlichen Leben.

Erst zum Schluß wird offengelegt, was er den Erben zugedacht hat. Mehrere Durchgänge empfohlen.

Mögliche Hinterlassenschaften:

Protokoll vom Offenbarungseid (1)
Heiße Liebesbriefe (2)
Alle Geheimnisse der Welt (3)
Vor Jahren im See entsorgter Borgward (4)
Lebenslang sonntags Apfelstrudel mit Sahne (5)
Wehrpaß des Vaters (6)

Ein warmes Lächeln (7)
Aufrichtige Dankesworte (8)
Das Original des Totenscheins (9)
Die Sorgen (10)
Den Lebenspartner (11)
Teddybär aus Kindertagen (12)

Modell stehen

Ab 8 Teilnehmer
10 bis 15 Minuten
Spiel für drinnen

Wir stehen jetzt alle Modell und modellieren uns ein einmaliges Denkmal. Dabei läßt sich der erste Mitspieler vom zweiten Mitspieler zu einer Statue modellieren. Ist die Statue fertig, friert sie ein.

Der zweite Mitspieler wird jetzt vom dritten Mitspieler zu der Statue hinzumodelliert usw. Der letzte Mitspieler modelliert sich selbst zu den Statuen hinzu.

Modelliert werden kann der einzelne Mitspieler
- auf dem Boden in der Liegeposition,
- auf der mittleren Ebene in Höhe des Bauchnabels
  und
- in der stehenden Position.

Jede Modellinstallation nimmt auf das vorherige Modell von der Gestaltung her und körperlich einen direkten Bezug. Dabei ist die Denkmalstatik mitzubedenken. Jedes Denkmalteil sollte die Möglichkeit haben, für die Dauer des Modellstehens das eigene Gleichgewicht zu halten. Während des Modellierens wird nicht gesprochen.

Wenn gewünscht, kann noch ein zweiter Durchgang erfolgen.

Volksmund

Ab 8 Teilnehmer
20 bis 30 Minuten
Spiel für drinnen

Wir bilden einen Innen- und einen Außenkreis. Somit stehen sich jeweils zwei Mitspieler gegenüber. Darzustellen sind jetzt Redewendungen des Volksmunds, die szenisch in einer Bildersprache sichtbar zu machen sind.

Die Mitspieler des Innenkreises wenden den jeweiligen Spruch bei ihrem jeweiligen Spielpartner zuerst an, dann erfolgt die Revanche durch die Mitspieler des Außenkreises. Nach jedem Kreisdurchgang tauscht der Innenkreis seine Position mit dem des Außenkreises. Die einzelnen Redewendungen sind auch mehrmals darstellbar.

Die Redewendungen:

Jemanden übers Ohr hauen.
Auf jemanden ein Augen werfen.
Jemanden um die Ecke bringen.
Jemanden festnageln.
Jemanden in die Pfanne hauen.

Jemanden einseifen.
Jemanden hinters Licht führen.
Jemanden auf die Schippe nehmen.
Jemandem den Rücken runterrutschen.
Jemandem auf die Sprünge helfen.

Jemandem auf den Fersen sein.
Jemandem auf die Spur kommen.
Jemanden in die Enge treiben.
Jemandem Honig um den Mund schmieren.
Jemandem eine Standpauke halten.

Jemandem den Spiegel vorhalten.

Jemandem etwas vormachen.
Jemandem die Stirn bieten.
Jemandem auf die Beine helfen.
Jemanden ins kalte Wasser werfen.

Jemandem das Herz brechen.
Jemandem die Luft abschnüren.
Jemandem den Rücken stärken.
Jemandem die Luft nehmen.
Jemandem das Fell über die Ohren ziehen.

Jemanden vom Sockel stürzen.
Jemanden auf den Fersen sein.
Jemanden aufs Eis locken.
Jemandem den Boden unter den Füßen wegziehen.
Jemanden auf die Palme bringen.

Jemandem keine Ruhe lassen.
Jemanden aus der Reserve locken.
Jemandem die Quittung geben.
Jemandem die Augen blenden.
Jemandem ins Wort fallen.

Jemanden auf den Arm nehmen.
Jemandem das Licht ausblasen.
Jemandem schöne Augen machen.
Jemandem ein Bein stellen.
Jemandem auf die Füße treten.

Jemandem ins Gewissen reden.
Jemandem die Ehre erweisen.
Jemanden gehen lassen.
Jemandem die Luft rauslassen.
Jemanden über den Tisch ziehen.

Typisch

Ab 8 Teilnehmer
15 bis 20 Minuten
Spiel für drinnen

Wir bilden einen Halbkreis. Verhalten sich Männer und Frauen in der Öffentlichkeit oder im Kontakt untereinander männer- bzw. frauenspezifisch? Was sagen die neudeutschen Zuschreibungen wie „Chauvi", „Softi" oder „Emanze" aus?

Gibt es typische Körperhaltungen, die sich einer bestimmten Rolle zuweisen lassen? Spielen sich die Typisierungen in unserem Kopf ab? Was wir jeweils darunter verstehen und sehen, zeigen wir den anderen Mitspielern mit unseren Darstellungen.

Die Spielpaare bewegen sich nach Zuschreibung aufeinander zu. Alle anderen sehen dabei zu. Die einzelnen Rollenzuweisungen lassen sich auch mehrfach mit jeweils unterschiedlichen Spielpaaren zeigen. Die jeweiligen vermeindlichen Männer- und Frauenrollen können von Männern und von Frauen gespielt werden.

Mögliche Kontaktaufnahme als:

Macker - Softi
Emanze - Chauvi
Softi - Grufti
Komposti - Macker

Macker - Emanze
Gentleman - Chauvi
Softi - Nonne
Emanze - Mutter

Vater - Mackerin
Rentner - Teenie
Softi - Oma
Freak - Macker

Erzähler

Ab 8 Teilnehmer
20 bis 30 Minuten / mehrere Durchgänge
Spiel für drinnen

Wir bilden einen Stuhlkreis und erzählen uns Geschichten, die an einer spannenden Stelle stoppen. Der Erzähler oder der Vorleser gibt das Weitererzählen der Geschichte an die Mitspieler des Kreises ab. Weitererzählt werden kann im Kreis links- oder rechtsherum oder in beliebiger Reihenfolge.

Es gibt dabei sehr spannende Geschichten. Es gibt bekannte und weniger bekannte Geschichten. Bekannte Geschichten sind Märchen. Weniger bekannte Geschichten kommen aus der Phantasie oder aus dem Leben. Wir erzählen jetzt die Geschichte weiter, wobei aus dem Kreis jeder Mitspieler nur ein oder zwei Sätze zur Geschichte beiträgt. Dabei wird das Ende der Geschichte vorgegeben.

Mögliches Ende der Geschichte:

Die Geschichte endet tragisch.
Die Geschichte endet sehr fröhlich.
Die Geschichte endet spannend.
Die Geschichte endet mit einem Mord.
Die Geschichte endet mit einem Gewinner.

Die Geschichte endet mit einem Rätsel.
Die Geschichte endet im Gebirge.
Die Geschichte endet mit einem Werbespruch.
Die Geschichte endet im 14. Jahrhundert.
Die Geschichte endet mit einer Weissagung.

Die Geschichte endet mit einer Versöhnung.
Die Geschichte endet im Jahre 2040.
Die Geschichte endet mit einem moralischen Fingerzeig.
Die Geschichte endet mit einem Fest.
Die Geschichte endet herzergreifend.

Müllers Fritz

Ab 8 Teilnehmer
10 Minuten / mehrere Durchgänge
Spiel für drinnen

Wir bilden einen Stuhlkreis. Ein Mitspieler beginnt mit dem, was Müllers Fritz immer so macht. Er sagt: „Müllers Fritz macht immer so" und zieht dabei im Rhythmus seine Stirn hoch. Alle anderen Mitspieler machen es ihm nach.

Der Nächste im Spielkreis spricht ebenfalls den Satz „Müllers Fritz macht immer so" und stampft zusätzlich zum Stirnrunzeln mit seinem rechten Fuß auf die Erde. Alle anderen Mitspieler machen es ihm nach.

Der dritte Mitspieler schüttelt zusätzlich mit dem Kopf. Alle anderen Mitspieler machen es ihm nach.

Der vierte Mitspieler blinzelt zusätzlich mit seiner linken Schulter immer wieder nach oben. Alle anderen Mitspieler machen es ihm nach.

Der fünfte Mitspieler zuckt zusätzlich mit seinen Augen. Alle anderen Mitspieler machen es ihm nach.

Der sechste Mitspieler rutscht zusätzlich nervös auf dem Stuhl hin und her. Alle anderen Mitspieler machen es ihm nach.

Der siebte Mitspieler schnalzt zusätzlich mit dem Mund. Alle anderen Mitspieler machen es ihm nach.

Es sollten maximal fünf Tätigkeiten hintereinander eingeübt und nachgemacht werden. Danach fängt Müllers Fritz wieder mit einer einzigen Tätigkeit an.

Zehntes Kapitel: Spiele zum Abschied

Zum Spieleinsatz 118
Privatpost 119
Rhythmusmaschine 120
Blumenstrauß 121
Schau in die Augen 122
Laufsteg 123
Und Tschüs 124
Tanz den Abschied 124
Kreisblick 125

Zum Spieleinsatz

Die *Spiele zum Abschied* enthalten ausschließlich Gruppenspiele zum Abschluß einer Spielkette oder eines Spielblocks.

Spiele für Mitspieler, die sich untereinander nicht oder kaum kennen:
Rhythmusmaschine,
Laufsteg,
Und Tschüs
und
Kreisblick.

Spiele für Mitspieler, die sich untereinander kennen, zusätzlich auch die Spiele:
Privatpost (Stuhlkreis),
Blumenstrauß (Stuhlkreis),
Schau in die Augen
und
Tanz den Abschied.

Privatpost

Ab 8 Teilnehmer
10 Minuten / mehrere Durchgänge
Spiel für drinnen

Wir bilden einen Stuhlkreis. Jeder Mitspieler hält hinter seinem Rücken die rechte Hand seines linken und die linke Hand seines rechten Spielnachbarn.

Ein Mitspieler steht oder sitzt in der Kreismitte und nennt den Absender und den Empfänger eines kleinen Gegenstandes. Der Absender verschickt als Privatpost dann einen beliebigen kleinen Gegenstand, der sich in seiner Nähe befindet oder den er bei sich trägt - beispielsweise einen Kaugummi, Streichhölzer, Kreide, einen Luftballon, eine Armbanduhr, eine Haarspange oder eine Büroklammer.

Der Absender versucht nun hinter seinem Rücken seine Privatpost über seine Spielnachbarn zum Empfänger zu senden. Der Postversand soll dabei so unauffällig erfolgen, daß der Mitspieler in der Kreismitte nichts davon bemerkt. Das ist sehr schwierig, denn der Mitspieler in der Kreismitte kann jederzeit einen Namen nennen, bei dem er die Privatpost vermutet.

Der genannte Spieler muß dann seine beiden Hände deutlich hochzeigen. Wurde er mit der Privatpost ertappt, löst er den Mitspieler in der Kreismitte ab. Der Gegenstand wird dann dem ursprünglichen Absender zurückgegeben.

Rhythmusmaschine

Ab 8 Teilnehmer
10 bis 15 Minuten / mehrere Durchgänge
Spiel für drinnen

Wir stellen uns im Kreis auf und eine alte Rhythmusmaschine dar. Ehrwürdige Maschinen schnauben, zischen, krächzen und brummen.

Wir alle zusammen bilden eine große alte Maschine, die wohl vor hundert Jahren entweder einen Ozeanriesen angetrieben oder unermüdlich als Herzstück eines Kraftwerks ihren Dienst versehen hat.

Zuerst tritt ein Mitspieler in die Kreismitte und läßt sich zu einer immer wiederkehrenden rhythmischen Bewegung ein Maschinengeräusch einfallen: Anlasser eines Treckers, Bergfahrt eines Lasters.

Nach kurzer Zeit schließt sich ein weiterer Mitspieler dem Basismaschinenteil an. Erst nachdem der zweite Mitspieler mit dem ersten Mitspieler zusammen zu einem gemeinsamen Bewegungs- und Geräuschrhythmus gefunden hat, schließt sich der nächste Mitspieler dem Ungetüm an.

Das Spiel endet, wenn alle zu Bestandteilen der Rhythmusmaschine geworden sind und gemeinsam den Maschinenrhythmus verlangsamen und verstummen.

Zwischendurch kann die Maschinen auch den gemeinsamen eigenen Rhythmus verändern. Die Maschine kann schneller werden, Wut zeigen, charmant sein oder auch ausfällig.

Blumenstrauß

Ab 8 Teilnehmer
Etwa 10 Minuten
Spiel für drinnen

Wir bilden einen Stuhlkreis. Jeder erhält jetzt reihum symbolisch einen bunten Blumenstrauß. Dabei wird zuerst ein bestimmter Mitspieler aus dem Kreis benannt. Danach erhält sein Spielnachbar zu seiner rechten Seite einen etwas anderen Blumenstrauß.

Alle anderen Mitspielern überreichen ihm mit eigenen Worten jeweils eine einzelne beliebige Blume. Jeder Mitspieler verschenkt seine Blume, die auch mehrfach verschenkbar ist.

Es kann beispielsweise eine Distel, eine Rose oder ein Löwenzahn gereicht oder auch ein persönlicher Satz zu der überreichten Blume als Geschenk mitgegeben werden.

Der Beschenkte nimmt die jeweiligen Blumen kommentarlos entgegen. Wenn er möchte, kann der Beschenkte sich mit seinem fertigen Strauß auch bei allen mit einem Satz bedanken.

Es gibt von Natur aus keine schönen oder häßlichen Wild- oder Zuchtpflanzen. Jede Blume ist so verschieden, wie es Menschen untereinander ebenfalls sind. Erst das Wechselspiel bietet einem die Möglichkeit, den Wert des einzelnen schätzen zu lernen. Beim Spiel läßt es sich leicht mit Blumen sagen.

Schau in die Augen

Ab 8 Teilnehmer
10 Minuten
Spiel für drinnen

Wir verabschieden uns sprachlos voneinander. Dazu stellen sich jeweils zwei Mitspieler in einem armbreiten Abstand gegenüber und sehen sich höchstens etwa eine halbe Minute lang schweigend an.

Dabei schaut sich das Spielpaar in die Augen und verabschiedet sich mit seinem Gesichtsausdruck voneinander. Du kannst diesen Abschied von allen Mitspielern nehmen oder dich auf bestimmte Mitspieler beschränken.

Danach stellen wir uns gemeinsam in einen Kreis. Fasse deine Mitspieler zur linken und zur rechten Seite an den Händen.

Wir verweilen so etwa eine Minute in diesem Zustand. Dabei kannst du dir reihum die Gesichter deiner Mitspieler ansehen. Dabei wird nicht gesprochen.

Zum Spielschluß drücken wir die Hände unserer Spielnachbarn - bis zum nächsten Mal.

Laufsteg

Ab 8 Teilnehmer
10 Minuten
Spiel für drinnen

Wir verändern zum Spielschluß unser Äußeres. Dazu bilden wir Spielpaare für eine anschließende Modenschau. Jeder Mitspieler ist dabei einmal Mannequin und einmal Modeschöpfer.

Dazu verändert der Modeschöpfer einige oder auch wesentliche äußere Merkmale seines Spielpartners. Natürlich sollte dies im Einverständnis beider Spielpartner geschehen.

Die beiden Spielpartner können untereinander auch Kleidungsgegenstände austauschen.

Beispielsweise kann er
- den Schal seines Spielpartners lockern,
- ein Ohr von der Frisur freilegen,
- den Hut schräg aufsetzen,
- die Brosche abnehmen,
- die Körperhaltung verändern.

Ist die Modeschöpfung abgeschlossen, flanieren die Mannequins genüßlich über den Laufsteg. Dabei sind die Modeschöpfer des ersten Durchgangs die Zuschauer und Bewunderer ihrer Schöpfung.

Beim anschließenden zweiten Durchgang flanieren die Mannequins über den Laufsteg, die beim ersten Durchgang als Modeschöpfer fungierten.

Und Tschüs

Ab 6 Teilnehmer
1 Minute
Spiel für drinnen

Wir bilden einen möglichst großen Kreis und halten dabei von unseren Spielnachbarn zur linken und rechten Seite die Hände. Zuerst läßt jeder Mitspieler seine Blicke kreisen.

Langsam heben wir gemeinsam unsere Arme und beugen unseren Kopf und Oberkörper nach vorne. Unten angekommen, ertönt es gemeinsam *Und Tschüs*, während gleichzeitig unser Kopf und unser Oberkörper nach oben schnellen.

Tanz den Abschied

Ab 8 Teilnehmer
10 bis 15 Minuten
Spiel für drinnen

Wir bilden einen Kreis. Ein Mitspieler fordert einen anderen Mitspieler zum Tanz auf. Getanzt wird der Abschiedstanz in der Kreismitte.

Die anderen Mitspieler unterstützen das Tanzpaar mit Summen und Klatschen im Takt. Das Tanzpaar kann sich wünschen, ob der Abschiedstanz im Takt eines Tangos, eines Walzers, eines Marsches oder beispielsweise eines Wiegenliedes zu begleiten ist.

Nach etwa einer Minute geht ein anderes Tanzpaar in die Kreismitte. Jeder Mitspieler sollte die Möglichkeit haben oder sie sich nehmen, in der Kreismitte seinen Abschiedstanz darzubieten.

Kreisblick

Ab 8 Teilnehmer
5 bis 10 Minuten
Spiel für drinnen

Wir bilden einen Innenkreis und einen Außenkreis. Die Mitspieler des Innenkreises sehen nach außen und die Mitspieler des Außenkreises sehen nach innen zur Kreismitte. Verabschiede dich von deinem Gegenüber mit Blicken, mit einem Lächeln oder einfach so, ohne dabei zu sprechen.

So stehen jeweils zwei Mitspieler voreinander. Nach einer halben Minute rücken die Mitspieler des Innenkreises nach rechts zum nächsten Mitspieler weiter und machen dort miteinander das gleiche. Wurde so einmal die Runde gedreht, bilden wir einen einzigen Kreis.

Fasse im Kreis deine Mitspieler zu deiner linken und zu deiner rechten Seite an den Händen und verweile so etwa eine Minute. Dabei kannst du auch die Mitspieler ansehen, von denen du dich - wenn du im Innenkreis warst - bei der Kreisrunde noch nicht verabschieden konntest. Drücke zum Schluß deinen Spielnachbarn die Hände - bis bald.

Spieleregister

Alarm 57
Alltagspantomime 37
Apfelkuchen 94
Arm und Kopf 95
Auf dem Mond 24

Beschreibung 97
Bewegungsspiele
- *Blumenbinder 28*
- *Buchstabenscharade 32*
- *Früchtedrehen 29*
- *Geräuschbühne 31*
- *Reise nach Jerusalem 28*
- *Schlangentanz 30*
- *Sitzball 27*
- *Titanic 33*
- *Unter Strom 29*
- *Vampir 34*
Bewegungsvorstellung 16
Blickkontakt 15
Blindenführung 64
Blumenbinder 28
Blumenstrauß 121
Brauchtum 74
Buchstabenscharade 32

Darstellungsspiele
- *Alltagspantomime 37*
- *Eingemachtes 45*
- *Erfindungen 38*
- *Gefühlsplastik 42*
- *Gefunden 43*
- *Ich bin es 38*
- *Kettenpantomime 39*
- *Stellbilder 40*
- *Szenenimprovisation 46*
- *Touristikbörse 44*
- *Zeitenblende 37*
- *Werbefilm 41*

Eingemachtes 45
Erfindungen 38
Erster Kuß 68
Erzähler 115

Fotoszene 88

Fragerunde mit Sekretär 102
Früchtedrehen 29
Früchtekorb 96
Fünf Gegenstände 73

Gefühlsplastik 42
Gefunden 43
Gegenstände erkennen 107
Geräuschbühne 31
Geschichtenkreis 98
Gesichtsbotschaft 77
Guten Tag 19

Hör- und sprachlos 67
Ich bin es 38
Ich zeig dir ein Lied 82

Ja 49
Ja oder Nein? 89

Kaninchen 21
Karussell 20
Kontaktspiele
- *Auf dem Mond 24*
- *Bewegungsvorstellung 16*
- *Blickkontakt 15*
- *Guten Tag 19*
- *Kaninchen 21*
- *Karussell 20*
- *Namenskontakt 15*
- *Namenswurf 17*
- *Plipp-Plopp 22*
- *Raumkontakt 18*
- *Stumme Fragen 23*
- *Wer bist du? 17*
Kettenpantomime 39
Körperbewegungen 97
Komm zu mir 101
Kreisblick 125
Kükenbaden 54

Lauf umher 54
Laufsteg 123
Luftballontanz 71

Mein Auge 58

Mein Hut 51
Meisterkoch 108
Modell stehen 111
Müllers Fritz 116

Namenskontakt 15
Namenswurf 17

Paarpantomime 61
Paarspiele
- *Blindenführung 64*
- *Erster Kuß 68*
- *Hör- und sprachlos 67*
- *Paarpantomime 61*
- *Phantasieball 66*
- *Rückentafel 63*
- *Spiegelbild 64*
- *Stummes Duo 63*
- *Verschlossen 62*
- *Wahlwerbung 65*
Pantomime
- *Alltagspantomime 37*
- *Gesichtsbotschaft 77*
- *Kettenpantomime 39*
- *Paarpantomime 61*
- *Rate mal 81*
- *Serienpantomie 71*
- *Wunschtier 72*
Phantasieball 66
Plipp-Plopp 22
Prinzessin 53
Privatpost 119
Promiraten 84

Rakete 99
Rate mal 81
Raumkontakt 18
Reise nach Jerusalem 28
Rhythmusmaschine 120
Romeo und Julia 56
Röntgenblick 87
Rückentafel 63

Schau in die Augen 122
Scherzfragen 83
Schlangentanz 30

Schummi 90
Schweinekauf 90
Sechserfluch 52
Serienpantomime 71
Setz dich durch 105
Sitzball 27
Slowakischer Rundfunk 86
Spiegelbild 64
Stellbilder 40
Stumme Fragen 23
Stummes Duo 63
Summkette 95
Szenenimprovisation 46

Tanz den Abschied 124
Telefon 93
Testament 110
Tiertanz 76
Titanic 33
Touristikbörse 44
Tratschnudel 109
Treppenhaus 106
Typisch 114

Und Tschüs 124
Unter Strom 29

Vampir 34
Veränderung 52
Verschlossen 62
Volksmund 112

Wahlwerbung 65
Wanted 100
Wer bist du? 17
Wer ist es? 55
Werbefilm 41
Winnetou 77
Worterinnerung 50
Wortkette 94
Wunschtier 72

Zahlengeschichte 78
Zeitenblende 37
Zungenbrecher 75

Spielebücher

Josef Broich **Anwärmspiele** über einhundert neue Gruppenspiele
128 Seiten, ISBN 3-88735-001-4
Josef Broich **Gruppenspiele anleiten** Vorbereitung und Durchführung
128 Seiten, ISBN 3-88735-014-6
Josef Broich **Körper- und Bewegungsspiele**
über einhundert neue Gruppenspiele
128 Seiten, ISBN 3-88735-002-2
Josef Broich **Phantasiespiele für Gruppen**
über einhundert neue Spiele mit Bewegung, Körper, Kontakt
128 Seiten, ISBN 3-88735-010-3
Josef Broich **Rollenspiele mit Erwachsenen**
128 Seiten, ISBN 3-88735-005-7
Josef Broich **Seniorenspiele**
über einhundert neue Gruppenspiele mit Bewegung, Kontakt, Vergnügen
128 Seiten, ISBN 3-88735-012-X
Josef Broich **Spielspaß mit Kindern**
über einhundert Kinderspiele mit Bewegung, Spannung, Action
128 Seiten, ISBN 3-88735-011-1
Josef Broich **Sprachspiele** Gruppenspiele mit Körper und Stimme
128 Seiten, ISBN 3-88735-009-X

Spiel und Theater

Josef Broich **Spiel-Bibliographie** Literaturnachweis 1980 bis 1994
Bibliographisches Handbuch zu Spiel, Bewegung, Animation
336 Seiten, ISBN 3-88735-107-X
Josef Hense / Heiner Kötter / Ulrike Türk: **Circusspiele**
Ideen für die Circuspraxis, Kölner Spielecircus e.V. (Hrsg.)
160 Seiten mit zahlreichen Abbildungen, ISBN 3-88735-013-8
Jakob Jenisch **Szenische Spielfindung** Gruppenspiele und Improvisationen
in der Bearbeitung von Josef Broich, 80 Seiten, ISBN 3-88735-008-1
Platon M. Karschenzew **Das schöpferische Theater**
Reprint, 242 Seiten, ISBN 3-88735-007-3

Kunsttherapie und Familienbildung

Wolfgang Domma **Kunsttherapie und Beschäftigungstherapie**
mit Fotodokumentation, 200 Seiten, ISBN 3-88735-105-3
Familienbildung heute Perspektiven oder Luxus. Dokumentation
Stadt Köln, Jugendamt / Interkultureller Arbeitskreis Migration und
psychische Gesundheit e.V. (Hrsg.), 176 Seiten, ISBN 3-88735-109-6
Praxisfelder Kunsttherapie Wolfgang Domma (Hrsg.)
mit zahlreichen Fotos und Abbildungen, 176 Seiten, ISBN 3-88735-106-1

MATERNUS VERLAG

Severinstr. 76, D-50678 Köln, Tel. (0221) 32 99 93, Fax (0221) 31 13 37